# क्रिकेटर से पी.ओ.

## वर्षिल मोदी

INDIA · SINGAPORE · MALAYSIA

ISBN  979-8-88883-632-3

# अंतर्वस्तु

# शीर्षक

(क्रिकेटर से पी.ओ.)

कुंडलपुर के बड़े बाबा के चरणों में नमोस्तु करते हुए आचार्य श्री विद्यासागर जी महाराज को हृदय कमल के उच्चासन में विराजमान करते हुए और निर्मोह सागर जी महाराज के आशीर्वाद से मैं यह किताब लिखना प्रारंभ कर रहा हूं मेरा आप लोगों तक पहुंचने का मुख्य उद्देश्य यह है कि किस प्रकार मैंने अपने जीवन में क्रिकेटर से पी.ओ. बनने का सफर तय किया और परेशानियों का सामना करते हुए सफलता प्राप्त की यह आप सबको बता सकूं जिससे आप सब भी अपनी मंजिल तक पहुंच सके विशेष तौर पर वह जो प्रतियोगी परीक्षा की तैयारी कर रहे हैं क्योंकि मैं आपको-

क्रिकेटर से पी.ओ. बनने का सफर बताऊंगा और साथ ही कैसे तैयारी करनी है परीक्षा के लिए यह भी बताऊंगा और सरल से सरल तरीके और भाषा का प्रयोग करके आप तक पहुँचाऊ वैसे तो मैंने जिन महापुरुषों का नाम लिखने से पहले लिया है अगर आप उनके बताए हुए मार्गदर्शन पर चलें तो आप मोक्ष जैसी मंजिल तक प्राप्त कर सकते हैं सफलता या परीक्षा क्या चीज है। और इन महापुरुषों के पास इतना ज्ञान अनुभव समाधान है कि मैं इनके सामने इनके चरणों की धूल बराबर भी नहीं हूं और ना कभी हो सकूंगा लेकिन मैं फिर भी अपने अनुभव के माध्यम से आपको बताने का साहस कर रहा हूं।

# परिचय

सबसे पहले मैं, मेरा परिचय और अपने परिवार के बारे में बताऊंगा जिससे आप सभी को आगे आने वाली परिस्थितियां जो इस किताब में बताने जा रहा हूं वह बेहतर तरीके से समझ में आए ।मेरा नाम वर्षिल मोदी है मेरा जन्म दिगंबर जैन परिवार में हुआ है और मैं शहपुरा भिटौनी का रहने वाला हूं जो जबलपुर से 30 किलोमीटर दूर है। मेरे पिता का नाम श्रीमान सुरेंद्र मोदी है मां का नाम किरण मोदी है। हम एक संयुक्त परिवार में रहते हैं मेरे पापा और मंजले पापा दोनों शहपुरा में अनाज (गल्ले) का व्यापार करते हैं। जैसे कि मुझे मेरी मम्मी ने बताया जब मैं 8 या 9 महीने का था, तब मम्मी अपने मायके खुरई गई थी और शाम के भोजन के समय मेरे नाना भोजन की थाली के साथ बैठे थे। और मैं इनकी थाली को खींच रहा था तभी सबसे छोटे मामा ने कहा यह तो बहुत चंचल है ।और तब से मेरे घर का नाम चंचल पड़ गया। आप सभी ने यह तो सुना ही होगा जैसा नाम वैसा काम, मैं बचपन से ही बहुत चंचल उधमी हूं और मैंने इतनी शरारत, मस्ती और शैतानी की है कि यह सारे शब्द कम पड़ जाते हैं बताने के लिए, मापदंड सेट कर दिया है, जब किसी और का बच्चा है शरारत करता है तो कहते कि चंचल जितना कभी कोई शरारती या उधमी भी नहीं हो सकता।

मुझे याद है मैं दिन भर खेलता रहता था थकता ही नहीं था। मैं किसी भी दीवार, दरवाजे, अन्य ऊँची जगह आसानी से चढ़ जाता था इतना ही नहीं खेलने में गिरता और चोटिल हो जाता मेरे घुटने पर

सबसे ज्यादा चोट लगती थी और आज भी मेरे घुटनों में कट और छिलने के निशान दिखते है।

मेरे पापा चार भाई है और वो अपने भाइयों के तीसरे नंबर के हैं। सबके बच्चों को मिलाकर हम सब 15 बच्चे हैं जिसमें 9 बहेन और 6 भाई। और सब बच्चों के बीच में ज्यादा से ज्यादा दो या तीन साल का बड़े छोटे का फर्क है। जिसमे मेरे चाचा के बच्चो से सबसे ज्यादा लड़ाई होती थी। उस समय मेरे घर रिमोट वाली टीवी नहीं तो चैनल को टी.व्ही. की बटनों को दबाकर ही चेंज किया जाता था, तो मैं हमेशा सबसे आगे के सोफे पर ही लेटकर टी.व्ही.देखता और पैर से चैनल को चेंज किया करता और किसी और को उस सोफे पर बैठने नहीं देता खासकर पलक, पराग और पाली (चाचा के बच्चे) को, और इस कारण से हमारी सबसे ज्यादा लड़ाई होती।

जैसे-जैसे मेरी उम्र बढती जा रहे थी वैसे वैसे मेरी शैतानी बढ़ती जा रही थी। मुझे याद है कि स्कूल में पराग मैं एक बार करंट वाला पेन स्कूल ले कर गए तब मैं 4th और पराग 2nd क्लास में था ।क्योंकि स्कूल किराए की बिल्डिंग में था,और वह बिल्डिंग हमारी थी, इस प्रकार हम स्कूल में मकान मालिक थे और इसलिए हमें किसी भी प्रकार का डर नहीं था। फिर लंच ब्रेक में करंट वाला पेन सबको देते और जैसे ही कोई पेन को ऊपर से दबाता उसे करंट लगता और हम खुश होते पर एक मैडम ने यह देख लिया और हम दोनों को अपने पास बुला कर डांटने लगी फिर उन्होंने पेन मांगा और हमारे मना करने पर मैडम ने हमें मुर्गा बनने को कहा तभी पराग डरते हुए मुर्गा बनने लगा मैंने तुरंत उसका हाथ पकड़ कर रोका, तभी मैडम बोली मुर्गा बनते हो या लगाऊ बब्बा जी को फोन मतलब मेरे दादा जी को तब मैंने तुरंत उनसे कहा 230 312। यह मेरे घर का लैंडलाइन नंबर था और तब मैडम का चेहरा गुस्से से लाल हो गया और हम वहां से भाग गए।

मैं जब 7th क्लास में था बाइक चलाना सीख गया था. और यह बात आप भी जानते हैं कि किसी भी नई चीज का बहुत जूनून होता है मुझे भी था। मेरे एक बहुत ही करीबी रिश्तेदार की शादी थी, मुझे शादी का खाना बिल्कुल अच्छा नहीं लग रहा था, तो मैं पराग और 3 कजन को लेकर बाइक से ढाबा खाना खाने चले गए और जिस ढाबे में गए उस ढाबा का मालिक हमको और हमारे घर वालों सब को जानता था तो उसने तुरंत ही एक कजन के पापा को कॉल कर दिया। हम इस बात से बिल्कुल बेफिक्र होकर अपना खाना इंजॉय कर रहे थे फिर 3 दिन बाद मेरे पापा के पास कॉल आया की चंचल पराग बाकी तीन के साथ ढाबा गया था वह भी शादी का खाना छोड़ कर फिर जो क्लास लगी थी उस दिन वो आज भी याद है।

और भी ऐसे कई किस्से हैं जिन्हें मैं बताते बताते थक जाऊंगा पर किस्से खत्म नहीं होंगे।

***

# "क्रिकेट कैसे"

जब से मैंने होश संभाला तबसे मुझे याद है कि मेरे घर में शुरू से ही क्रिकेट का माहौल रहा है मेरे घर में मेरे दादा से लेकर छोटे बच्चों तक में क्रिकेट का इंटरेस्ट है और सब क्रिकेट मैच देखना पसंद करते हैं। जब हम मैच देखा करते थे मेरे दादा आकर स्कोर पूछते और कहते कितने मर गए जिसका मतलब कितने विकेट गिर गए, और फिर हम उनको बताते कि अभी भारत की बैटिंग चल रही है या किसी दूसरे देश की फिर पूरा समझा कर स्कोर बताते मेरा घर और मंदिर बिल्कुल आजू-बाजू है बस दोनों में छह फिट की गली का फासला है। और यही गली मेरे कजिन गौरव भैया के क्रिकेट मैदान में बदल गई वो और उनके दोस्त इस गली में स्कूल से आने के बाद पूरे टाइम क्रिकेट खेला करते थे वह भी प्लास्टिक की बॉल से जिसमें स्टंप गली का दरवाजा होता था, सामने मारने पर चार और छह मिलता जब मैं छोटा था तो वो मुझे अपने साथ नहीं खिलाते थे मुझे बहुत बुरा लगता और मैं साइड जाकर अकेले ही बॉल को दीवार की ओर मारकर खेलता। उस समय हमारे पास कोई बैट नहीं होता था हमारे पास कपड़े धोने वाली मोगरी होती थी उसको अपना बैट बनाते थे और उससे ही खेला करते थे।

एक दिन की बात है जब गौरव भैया के दोस्त खेलने के लिए नहीं आए फिर उस दिन उन्होंने मुझे खेलने को कहा उस दिन पहली बार उन्होंने मुझे अपने साथ क्रिकेट खिलाया था और वह उस दिन मेरी बैटिंग देखकर समझ गए थे कि अब मैं अब छोटा नहीं रहा बड़ों के

साथ क्रिकेट खेल सकता हूं उस दिन के बाद से मैं भी उनका क्रिकेट पार्टनर बन गया। 1990 दशक के अंत में और 2000 की शुरुआत में क्रिकेट के दो बड़े दिग्गज सचिन तेंदुलकर और राहुल द्रविड़ भारत को मिले। जैसे-जैसे दौर आगे बढ़ा उनका कैरियर बुलंदियों को छू रहा था इसका सबसे अच्छा उदाहरण यह है, कि जब भी हम सब घर में मैच देखते और बाहर से पापा, बड़े पापा या भैया कोई भी आता बस यही पूछता सचिन ने कितने रन मारे द्रविड़ ने कितने रन मारे और यह सुनकर मैं मन ही मन दोनों का बहुत बड़ा फैन बन चुका था।

जब भी हम किसी के फैन बन जाते हैं फिर उनकी दीवानगी भी चालू हो जाती है मैंने भी यह दीवानगी दिखाई। उस समय हम ऐसी लकड़ी देखते जो आसानी से बैट के आकार में आ जाए फिर उसी बैट से खेला करते और अपने बैट में मैं आगे एमआरएफ और पीछे ब्रिटानिया स्टीकर लगाकर एमआरएफ ब्रिटानिया बैट से खेलने का अनुभव करता। इतना ही नहीं मैंने एक कॉपी बना ली थी जिसमें सभी भारतीय खिलाड़ियों की न्यूज़ पेपर और मैगजीन में आई हुई तस्वीरो को काटकर कॉपी में चिपकाता। और फिर कुछ साल बाद क्रिकेट का इतना भूत सवार हो गया था कि मैं पराग और हमारे घर के किराएदार का बेटा हम तीनों 12 बजे स्कूल से आ जाते थे और खाना खाने के बाद जब तक पूरा अंधेरा ना हो जाए तब तक खेला करते थे और जब मैं 50 या 100 मारता तब जैसे सचिन और द्रविड़ 50 या 100 मारकर बैट को ऊपर करते तो मैं भी बिल्कुल वैसे ही बैट ऊपर करके अभिवादन करता था और बस यही से मैंने बड़े होकर क्रिकेटर बनने का सोच लिया था मैं पूरे समय कल्पना करते हुए अपने हाथों से बैटिंग करता और मुंह से तक्क... की आवाज निकालता जैसे बैट ने बॉल को मारा हो यह मैं चलते समय खाते समय यहां तक कि सोते समय तक करता। और फिर किसी ने मुझसे पूछ लिया बड़े होकर

क्या क्रिकेटर बनोगे?और मैंने कहा-हाँ,फिर जब भी कोई पूछता मैं कहता हा मैं बड़े होकर क्रिकेटर बनूंगा।

अब हम पूरे टाइम गली में क्रिकेट खेलते तो पूरे घर वाले परेशान होते क्योंकि प्लास्टिक बॉल की आवाज टक - टक पूरे घर में गूंजती थी और कोई दोपहर को सो नहीं पाता इस कारण हमें डांट पड़ती और हमें खेलने नहीं दिया जाता। इस कारण से अब हम छत में जाकर खेलने लगे लेकिन छत से बॉल बार-बार नीचे गिर जाती थी। अब मेरे दादाजी को क्रिकेट तो पसंद था पर हमारा छत में खेलना नहीं और जब भी बॉल नीचे गिरती तो वह उठा कर रख लेते या हम किसी राह चलते को आवाज देते बॉल दे दीजिये तो मेरे दादाजी उनको मना करके खुद बॉल ले लेते पर हम भी कहा कम थे वह जहां छुपाकर बॉल रखते हम वहां से बॉल उठा लेते और दादाजी भी यह समझ गए और जब वह बॉल छुपाने की जगह बदलते तो हम वहां से भी बॉल उठा लेते पर वह भी हमारे दादाजी थे इस बार उन्होंने बॉल को एक लकड़ी की अलमारी में रखना शुरू कर दिया और ताला लगा दिया अब हमारे पास कोई और रास्ता नहीं था। हम रोज नई बॉल खरीद कर लाते पर एक बार क्या हुआ कि दादाजी ने किसी काम के लिए अलमारी खोली मैं वहां खड़ा देख रहा था जैसे ही वह थोड़ा साइड में हुए और मैंने देखा सारी बॉल एक पैकेट में रखी थी तो मैंने वह पैकेट उठाया और दौड़ लगा दी ऊपर की ओर मेरे दादाजी ने चिल्लाना चालू किया रुक-रुक पर मैंने एक ना सुनी और सीधा ऊपर भाग गया। इस प्रकार कुछ समय तक ऐसा चलता रहा।

शहपुरा में एक कॉलेज है, और कॉलेज में एक ग्राउंड है उस समय सिर्फ यही एक जगह थी जहां क्रिकेट खेला जाता था और ट्रॉफी टूर्नामेंट आयोजित किए जाते थे। और शाम को रोज़ क्रिकेट खेला जाता था। मुझे अच्छे से याद है तब मैं दस साल का था, क्योंकि कॉलेज मेरे घर से थोड़ी ही दूरी पर है,जब कुछ बड़े लड़के वहां से खेल कर

लौटते थे और फिर उस दिन के मैच पर चर्चा करते एक दिन मैंने उन्हें अपने घर के सामने से निकलते हुए देखा और मैच की जीत हार पर चर्चा करते हुए सुन लिया फिर क्या था जैसे स्वादिष्ट खाने की खुशबू हमें किचन की ओर खींच ले जाती है उसी प्रकार कॉलेज के ग्राउंड ने मुझे अपनी और खींच लिया और मैंने वहां जाना शुरू कर दिया। अभी दो-तीन दिन ही हुए थे कि मेरी मम्मी ने भी उन लड़कों को घर के सामने से निकलते हुए देख लिया और उनमें से एक लड़का उसी समय गाली देते हुए जा रहा था मम्मी ने सुन लिया और जैसे मेरे पापा भोजन करने के लिए आए उनको सब बता दिया कि मैं कॉलेज खेलने जाता हूं वह भी उन लड़कों के साथ जो गाली देते हैं।

उस दिन के बाद से घर और बाहर दोनों जगह क्रिकेट खेलना किसी जंग जीतने के समान था। मेरे पापा हमेशा मंडी से 6:00 से 6:30 के बीच भोजन करने घर आते हैं मैं कोशिश करता कि उनके आने से पहले घर आ जाऊ नहीं तो पापा की डांट सुननी पढ़ती थी उनका गुस्सा आज भी बहुत खतरनाक है उन्होंने कभी मुझे मारा नहीं पर उनकी डांट से ही रोना आ जाता है अब बहुत बार ऐसा हो चुका था कि मैं उनकी डांट खा चुका था फिर भी मैं खेलने चला जाता था ठंड का समय था जल्दी दिन ढलता था तो मेरे पापा भी जल्दी भोजन करने आ गए उस दिन मैच लेट चलने के कारण मैं घर आने में लेट हो गया जैसे ही घर पहुंचा पापा मेरा ही इंतजार कर रहे थे क्योंकि ठंड थी तो घर में सब आग सेक रहे थे और जैसे ही पापा ने मुझे देखा जलती हुई लकड़ी उठा ली और मेरे पीछे दौड़े, यह देख मैंने जो दौड़ लगाई है कि सीधा दूसरे मोहल्ले के अंदर चला गया, पीछे एक भी बार पलट कर देखा तक नहीं।और वहां से छुपकर पापा के जाने का इंतजार करने लगा जब वह चले गए फिर घर गया।

जब मैं शुरू शुरू में खेलने जाता था तो मुझे वह लोग नहीं खिलाते क्योंकि उस समय में छोटा था और ना ही उन्होंने मुझे कभी खेलते हुए

देखा था मैं बस वहां जाकर एक जगह बैठ कर सभी को खेलते हुए देखता और मेरे जैसे चार-पांच और भी लड़के थे जिन्हें खिलाया नहीं जाता था वह भी बैठकर मैच देखते थे पर छुट्टी वाले दिन मेरी उम्र के सारे लड़के कॉलेज ग्राउंड सुबह जल्दी पहुंचकर मैच खेलते। और एक दिन अब्बू नाम के लड़के ने हमें खेलते हुए देख लिया, हम दो तीन लड़कों को मिलाकर उसने अपनी टीम बनाई और टीम बनाकर दूसरे मोहल्ले के लड़कों से मैच रखा मैच के साथ साथ हम शर्त भी लगाते जिसमें एक टीम के सारे प्लेयर पैसे इकट्ठा करते और जितने भी पैसे इकट्ठा होते उतने ही पैसों की दूसरी टीम से शर्त लगाते और जो टीम हारती, जीतने वाली टीम को शर्त के पैसे देती यदि किसी प्लेयर ने 10 रू. लगाए तो जीतने पर 20 मिलते जब मैंने पहला मैच पैसे लगाकर खेला था तो मैंने 1रु. लगाए थे और पूरी टीम ने 11रू. लगाये थे और हम वह मैच जीत गए थे मुझे एक के बदले दो मिले थे और टीम को बाईस मिले थे,और इसी प्रकार हम शर्त लगाकर मैच खेलते जिसमें कभी जीतते तो कभी हारते।एक दो मैच में मेरी परफॉर्मेंस अच्छी नहीं थी क्योंकि मुझे गली में खेलने की आदत थी पर मैंने जल्द ही खेलने के तरीके में सुधार लाकर ग्राउंड के चारो ओर खेलना शुरू कर दिया।

और जैसे-जैसे मैं बड़ा हो रहा था मेरी बैटिंग और अच्छी होती जा रही थी।एक दिन कॉलेज ग्राउंड में शाम को कुछ कम लड़के खेलने आए थे क्योंकि अब्बू उन बड़े लड़कों के साथ खेलता था तो उसने मुझे एक टीम में खिलाने को कहा एक लड़के ने पूछा अच्छा खेलता है अब्बू ने कहा हां। और फिर मुझे भी टीम में रख लिया वह पहली बार था जब मैं उन बड़े लड़कों के साथ खेल रहा था,उस दिन पांच विकेट गिरने के बाद मेरी बैटिंग आई और मैंने पहली ही बॉल पर लेफ्ट साइड शॉट मारा सब यह शॉट देखकर तारीफ करने लगे फिर मैंने कुछ और शॉट मारे तो सब समझ गए थे कि यह भी दमखम रखता

है उस दिन के बाद से मुझे भी डेली मैच खिलाते और देखते ही देखते मुझे ओपन बैटिंग करने का मौका मिलने लगा और डेली ओपनिंग भी करने लगा बहुत अच्छे से याद है इंडिया और ऑस्ट्रेलिया की सीरीज चल रही थी इंडिया के सभी महान खिलाड़ियों को तो आप जानते ही हैं पर उस समय आस्ट्रेलिया की ओर से सबसे बड़ा नाम रिकी पोंटिंग था।एक मैच के दौरान रिकी पोंटिंग ने डाइव लगाकर कैच लिया था वह इतना अदभुत था कि उसकी तारीफ सभी लोग कर रहे थे हम लोगों ने भी कॉलेज ग्राउंड में उस कैच और रिकी पोंटिंग की चर्चा और तारीफ की।

फिर एक दिन ऐसा आया जिसने मुझे नयी पहचान नया नाम दे दिया। मैंने भी फील्डिंग करते समय डाइव मारकर कैच पकड़ा जो हुबहू रिकी पोंटिंग के जैसा था और कैच पकड़ने के बाद हम सब विकेट सेलिब्रेट कर रहे थे तभी एक भैया ने जिनका नाम ऋषभ है उन्होंने कहा यह तो पोंटिंग है तभी से मुझे पूरे शहपुरा में पोंटिंग कहकर बुलाने लगे। जब भी हम दोस्त यार मैच खेलने के लिए मिलते बात करते सब मुझे पोंटिंग ही बोलते और मुझे भी बहुत अच्छा लगता था कि सब इतने महान प्लेयर के नाम से बुलाते हैं और इसके साथ साथ मेरा आत्मविश्वास बढ़ने लगा मैं ग्राउंड के अच्छे और बड़े लड़कों को भी चौके छक्के मारने लगा। मेरी परफोर्मेंस दिन पे दिन अच्छी होती जा रही थी और यही देखकर भैया लोगों ने तय किया कि मुझे भी उनको अपनी टीम में शामिल करना चाहिए जो बारह- तेरह सबसे अच्छे खिलाड़ियों की होती थी जो टीम क्रिकेट ट्रॉफी टूर्नामेंट में भाग लेती और उस समय की सबसे मजबूत और सारी ट्रॉफी जीतने वाली टीम थी।

पर मुझे उनकी टीम से कभी खेलने का मौका ही नहीं मिला। भैया लोगों ने मेरे पापा से बात तो की,चंचल बहुत अच्छा खेलता है उसे हम अपनी टीम में खिलाना चाहते हैं मुझे यह तो नहीं पता पापा

ने उनसे क्या कहा था ना उन्होंने कभी बताया पर उस दिन से पापा ने मुझे रोका नहीं क्रिकेट खेलने और उन्होंने बताया कि संदीप आया था तुम्हे अपनी टीम में खिलाने के लिए कह रहा था।उस समय उनके चेहरे पर खुशी साफ झलक रही थी। और आगे खेलने के लिए उनसे जो स्पोर्ट चाहिए था उसकी नींव यही थी।

अब मैं हर दिन कॉलेज ग्राउंड में तो जाता ही हर छुट्टी वाले दिन भी खेलने जाता और मुझ पर अब कोई रोक टोक नहीं थी और घरवाले खुश भी हो जाते थे कि अच्छा है घर में शांति भी रहेगी।बस मुझे घर में जताकर जाना होता कि मैं कहां खेलने जा रहा हूं। अब समय ऐसा आ गया था कि मुझे मेरी साथ के उम्र के लड़के या जो जानते थे कि मैं अच्छा खेलता हूं तो वह हमारी टीम से मैच नहीं लेते और लेते भी तो मुझे खिलाने से मना करते। पूरे शहपुरा में मेरा नाम चलने लगा था सब मुझे एक अच्छा क्रिकेटर के नाम से जानने लगे थे और लोकल में कोई टूर्नामेंट होता तो मुझे अपनी टीम से खिलाने के लिए मेरे घर आते।

**********************************************************

**"तू क्या रास्ता बनाएगा जब मंजिलों ने खुद रास्ता चुना है**
**तूफान कब तक रोकेगा जब किनारे पर जाना तय है"**

**********************************************************


* * *

# "जबलपुर के स्कूल में एडमिशन"

मेरे पापा ने मेरे बड़े भाई को जब वह पांचवी क्लास में गया तब उसका एडमिशन जबलपुर के ज्ञान गंगा स्कूल में करा दिया और वह हॉस्टल में रहने लगा। और तभी से मैं भी सोचने लगा पांचवी क्लास में आकर मैं भी जबलपुर जाऊँगा पढ़ने के लिए पर जब मैं पांचवी क्लास में आया मेरे घर वालों ने मना कर दिया कहा यहीं पर पढ़ो यहाँ भी अच्छा इंग्लिश मीडियम स्कूल है। पर मैं भी बहुत बड़ा जिद्दी था मैंने रोना चालू कर दिया की मैं तो जाऊंगा ही सब ने मनाया पर मैं कहां सुनने वाला था फिर बुलबुल दीदी ने मुझे बड़े प्यार से समझाया कि चाचा ने (मेरे पापा उनके चाचा) तुम्हारा एडमिशन कम से कम एक अच्छे स्कूल में कराया तो है।और फिर कहा कि तुम पांचवी क्लास में इतने अच्छे परसेंटेज लाना की मम्मी पापा दोनों मना ना कर पाए । उस समय बुलबुल दीदी का समझाना इतना अच्छा लगा कि मैं तुरंत मान गया और अपनी ज़िद छोड़ दी । मैंने पांचवी क्लास में चौरासी प्रतिशत बनाएं फिर भी मुझे छठवी सातवीं दोनों शाहपुरा के सेंट जोसफ में ही पढ़ना पड़ी।

फिर एक दिन जब स्कूल की छुट्टियां चल रही थी मई के महीने में जबलपुर के एक स्कूल सेंट जेवियर की स्कूल बस शहपुरा आई थी बच्चों के एडमिशन के लिए।और बच्चों को डेली अप डाउन की सुविधा भी शुरू करने के लिए । मेरे दादाजी ने बस रुकवाकर सर को घर बुलाकर पानी पिलाया और फिर उनसे पूछा कि आप यहां क्यों आए हैं। सर ने फिर स्कूल की सारी इंफॉर्मेशन दादा जी को दी

और तुरंत ही मेरा,पराग और पाली का एडमिशन करा दिया। जैसे ही मुझे यह बात पता चली मैं पागलों की तरह नाच उठा और घर में जो मिलता या बात करता, मैं सब से यही बोलता कि अब तो मैं जबलपुर पढ़ने जाऊंगा और बहुत खुशी से बताकर खुश होता।

पर कहते हैं ना तैरना तो बहुत आसान होता है पर लहरों से लड़ना आसान नहीं होता मेरे साथ भी यही हुआ सेंट जेवियर में एडमिशन तो ई गया पर जब स्कूल जाना शुरू किया किताबें आई, सिलेबस पता चला और आखिर में यह पता चला की यह स्कूल तो आई. सी. एस. ई. बोर्ड है। और यह बात हम तीनों समझ चुके थे हमारे लिए यहां पढ़ना आसान नहीं क्योंकि आई. सी. एस. ई. बोर्ड का स्टडी पेटर्न बिल्कुल अलग ही है। दूसरे स्कूल की तुलना में स्टडी का लेबल भी टफ है। दूसरे बोर्ड में पांच या छ: विषयों की परीक्षा होती है लेकिन आई. सी. एस. ई. बोर्ड में छठवी से बारहवी तक तेरह विषयों की परीक्षा होती है। उस बोर्ड में हर विषय का अलग से एग्जाम होता है जैसे कि केमिस्ट्री, फिजिक्स, बायो, इतिहास, भूगोल इन सबका अलग-अलग एग्जाम और दूसरे बोर्ड में पांच से छ: एग्जाम होते है।

अब स्टडी हमारे लिए इसलिए भी मुश्किल हो रही थी क्योंकि हम तीनों के पिछले स्कूल में नर्सरी से लेकर सातवी तक 200 बच्चे थे जिनमें चौथी के बाद हर क्लास में छ: से सात बच्चे थे। मैं जब सातवी में था तब सिर्फ पांच बच्चे थे तो ऐसे में टीचर का भी पढ़ाने में मन नहीं लगता था और ना हमारा पढ़ने में, सारे टीचर हमें बस इंपॉर्टेंट क्वेश्चन बता देते और उन्हीं को समझा देते थे। जिससे हमारे ऊपर ना होमवर्क कर लोड था और न एग्जाम में पूरा सिलेबस पढ़ने का।पर सैंट जेवियर में होमवर्क के लोड के साथ साथ हर महीने एग्जाम के लिए पढ़ने का भी लोड बढ़ गया था। अब हम तीनो को ऐसा लग रहा था कि चलना अभी सीखा नहीं और रेस में दौड़ना है।

मेरे ऊपर और भी ज्यादा प्रेशर था क्योंकि मैं शुरू से पढ़ने में अच्छा था सारे घरवालों को मुझसे उम्मीदे थी और फिर में भी जिद कर रहा था जबलपुर में पढ़ने के लिए। अब जब पहले क्लास टेस्ट का रिजल्ट आया तो सबको एक झटका लगा कि कैसे मेरे पचास प्रतिशत बन सकते हैं फिर मैंने सबको समझाया कि इस स्कूल स्टडी कितनी कठिन है मुझसे नहीं हो रही है । जिसका सबसे बड़ा कारण मुझे लगता है डेली अप डाउन करना शहपुरा से जबलपुर 30 किलोमीटर है तो बस सुबह 6:30 बजे लेने आ जाती थी उसमें भी हमारा घर शहपुरा के आखिरी छोर पर है तो सबसे पहले हमें ही लेने आती। इसके बाद जबलपुर घुसते ही सबसे पहली कॉलोनी धनवंतरी नगर है, वहां के बच्चे भी हमारी बस से स्कूल जाते थे और बस को 8:00 बजे से पहले पहुंचना होता ई। घर आते आते 3:30 बज जाते थे कुछ खाकर थोड़ा आराम करते थे और जैसे ही 6:00 बजते लाइट चली जाती थी 10:00 बजे तक।

अब हमको दिया या टॉर्च की रोशनी में पढ़ना होता था तो ऐसे में ना होमवर्क ना पढ़ाई से रिलेटेड कुछ करने का मन करता और 10 बजते बजते हम सो जाते थे। स्कूल में भी हमारे साथ अच्छा बर्ताव नहीं होता था। हमें सब गांव का बुलाते थे क्योंकि हमारी भाषा भी गांव की थी तो सब उसका मजाक बनाते थे। मुझे अच्छे से याद है जब मेरा पहला दिन था सेंट जेवियर में तो क्लास में मैं सबसे आगे की बेंच में जाकर बैठा, कोई दोस्त ना होने पर अकेला बैठा था तो फिर क्लास के सबसे बिगड़े और और उधमी लड़के को मेरे साथ में बैठने को कहा था तो उसने बहुत ही गंदा मुंह बनाया और अगले कुछ दिनों तक परेशान किया जिससे हमारी सीट अलग हो जाए यहां तक कि कुछ टीचर भी हमसे चिढ़ते थे बचपन से हमारी भाषा अलग थी जहां हमें सही हिंदी बोलने में परेशानी आ रही थी वही स्कूल में भी सभी टीचर से इंग्लिश में ही बोलने का नियम था खासकर की इंग्लिश की क्लास

में। मुझे भी इंग्लिश बोलने में टीचर से बात करने में परेशानी आती और गलती करता था ऐसे में एक दिन मेरी इंग्लिश की टीचर ने मुझसे इंग्लिश में "ब्लेजर्स" कह दिया था।

लेकिन इतनी आसानी से काले बादल छटते नहीं है बचपन से ही गणित मेरा पसंदीदा विषय रहा है पर सेंट जेवियर में आते ही मैं गणित में सबसे कमज़ोर हो गया। अब मैंने घर वालों से बात करके कोचिंग ज्वाइन करने का निर्णय लिया और शाहपुरा के गणित विषय में माहिर एक सर के पास गया। अब सर ने सबसे पहले मेरे स्कूल और सिलेबस के बारे में पूछा फिर उन्होंने मेरी गणित की बुक देखी और कहा कल से आ जाना। मैंने भी जाना शुरू कर दिया पर वह दूसरे बच्चों को पढ़ाते मुझे नहीं, मुझसे कहते तुम अभी खुद से करो बाद में पढ़ाता हूं। फिर कुछ दिन बाद वो मुझे एक या दो सवाल करा देते और कहते कि खुद से करो। ऐसा करते-करते पंद्रह बीस दिन निकल गए लेकिन मुझे पढ़ाया नहीं। मैंने जब इस बारे में सोचा तो बहुत बाद में समझ आया कि उनको ही खुद आई. सी. एस. ई. बोर्ड की गणित कठिन लग रही थी।

अब हम तीनों धीरे-धीरे स्कूल के माहौल में ढल तो रहे थे हमारे दोस्त भी बन गए थे जो हमारी होमवर्क और पढ़ाई में मदद करते थे। मेरा सबसे पहला दोस्त मोहित बना क्योंकि उसकी पूरी क्लास के लड़के और लड़कियों से दोस्ती थी तो धीरे-धीरे मेरी भी सब से दोस्ती और बातचीत होने लगी थी।

✳ ✳ ✳

# "मेरे दादा जी का देहांत"

स्कूल जाते हमें सिर्फ चार ही महीने हुए थे परेशानियां कम तो नहीं हुई थी पर उनकी आदत होती जा रही थी।और एक दिन ऐसा हादसा हुआ जिसने मेरे पूरे परिवार को एक बहुत बड़ा झटका दिया मानो किसी बगीचे में सबसे बड़ा पेड़, सबसे ज्यादा छाया देने वाला पेड़ सबसे मीठे फल देने वाले पेड़ को काट दिया।आठ नवंबर 2006 की बात है सुबह के 5:30 बज रहे थे, किसी ने आवाज दी जल्दी आओ उनकी तबीयत खराब है अब हम सब उनके कमरे में पहुंच गए वह कुछ भी कहने की हालत में नहीं थे उनकी आंखें बंद थी हम सबको उनको देखकर रोना आ रहा था और बहुत घबरा रहे थे तभी किसी ने कहा णमोकार मंत्र पढो तो जैसे ही णमोकार मंत्र पढ़ना चालू किया और वह शांत हो गए और निश्चित ही देव लोक चले गए।

सन् 2006 में अगस्त के महीने में एक नई बीमारी आई थी जिसका नाम था "चिकनगुनिया" जिस बीमारी में फीवर, जोड़ों में दर्द और कमजोरी जैसे लक्षण होते थे। यह बीमारी मुझे और मेरे दादाजी को हो गई थी। मैं तो कुछ दिन बाद ठीक हो गया था पर उनको हॉस्पिटल में एडमिट करना पड़ा, करीब 15 दिन के बाद वह घर वापस आए उनकी हालत ठीक नहीं थी क्योंकि यह बीमारी ठीक तो हो जाती है पर जोड़ों में दर्द और सूजन अगले कई महीनों तक रहती है और उनको भी जोड़ों में दर्द सूजन कमजोरी थी। इसी के कारण वर्ष 2006 मैं उन्हें यह संसार छोड़कर जाना पड़ा।

"धरती के दूसरे चांद थे आप

प्यार के प्रतीक थे आप

आदर्श की मूरत थे आप

प्रेम व्यवहार की सूरत थे आप

परिवार के लिए छाया थे आप

परिवार के आराध्य थे आप

सच्चाई का पाठ थे आप

अच्छाई की किताब थे आप

जीवन का मार्ग थे आप

प्रोत्साहन की स्त्रोत थे आप

जिनेंद्र देव के परम भक्त थे आप

शायद इसीलिए भगवान का स्वरूप थे आप।

उनके जाने पर पूरे परिवार को एक गहरा सदमा लगा और इसका असर मुझ पर बहुत ज्यादा था वैसे तो घर के सारे बच्चे उनसे और वो सारे बच्चों से लाड प्यार करते थे।हम प्यार से घर के सारे बच्चे उन्हें "बब्बा" कहकर ही बुलाते थे। उनके शांत होने के दो साल पहले से ही मैं उनसे बहुत जुड़ गया था। सोने से पहले उनके रोज पैर दबाता था स्कूल से आकर उनका सिर और पैर दबाता था।

मैं जब 8 या 9 साल का हो गया तो रोज अभिषेक करने जाने लगा। इससे वह बहुत खुश होते थे।उनके हॉस्पिटल से आ जाने के

बाद भी मैं उनके साथ ज्यादा टाइम बिताता और उनकी सेवा करता था।उनको चलने में सबसे ज्यादा परेशानी होती थी क्योंकि उनके घुटनों में सूजन और दर्द था तो उनको एक व्यक्ति लगता ही था उठ कर बैठने और अन्य क्रिया करने में ऐसे में मैं उनके साथ उनके ही कमरे में सोने लगा जिससे रात में भी उनकी मदद हो सके।

वैसे भी उनके साथ समय बिताना मुझे भी बहुत अच्छा लगता था शायद उनको भी मेरे साथ समय बिताना अच्छा लगता होगा क्योंकि उनके जाने के बाद मेरी दादी कहती रहती थी कि "बब्बा" कहते थे मैं तो चंचल के साथ ही रहूंगा शुरू शुरू में यह बात सुनकर बहुत रोना आता था कि कितना चाहते थे वो मुझे।

कुछ दिनों बाद फिर से स्कूल जाना चालू हुआ पर मेरा बिल्कुल मन नहीं लगता था पूरे टाइम बब्बा की याद आती रहती थी और एक दिन मैं क्लास में रोने लगा मेरे दोस्तों ने और लगभग पूरी क्लास ने पूछ लिया कि क्यों रो रहे हो पर मैंने किसी से कुछ नहीं कहा फिर मेरे क्लास टीचर रोनाल्ड नारायण सर मेरे पास आए और मुझे क्लास के बाहर ले गए और पूछा क्या हुआ मैंने कहा सर मुझे मेरे बब्बा की याद आ रही है मुझे बिल्कुल अच्छा नहीं लग रहा है।तो उन्होंने प्रिंसिपल मैडम को बता कर मुझे 12:30 की सिफ्ट से घर भेज दिया रोनाल्ड सर एक बहुत अच्छे टीचर, अच्छे इंसान थे, और लगभग क्लास में सभी बच्चों के फेवरेट थे उन्होंने मुझे पूरे साल सपोर्ट किया और जितनी मदद हो सकती थी कि।

पर यह दौर खत्म नहीं हो रहा था, बब्बा के शांत होने से ठीक पहले मैंने उनसे करीब एक घंटा बात की, उनकी शादी कब हुई थी, वह कितने साल के थे तब दादी कितने साल की थी यह सब बातें उन्होंने मुझे बताई थी।अब मुझे पूरे टाइम उनकी याद में यही बातें बार-बार याद आती थी।अब क्योंकि एब्सेंट लगने के कारण हमने

क्लास टेस्ट मिस कर दिया था तो मुझे और पराग को क्लास टेस्ट फिर से देना पड़ा उसकी टाइमिंग 2:00 से 3:00 बजे की थी। स्कूल की छुट्टी होने के बाद हमें टेस्ट के लिए रुकना होता था जिससे एक दिन में दो विषय के टेस्ट होते सोमवार से शनिवार।अब कुछ पढ़ा नहीं था, एब्सेंट भी थे,न कोई समझाने वाला था ना पढ़ाने वाला, बस हम दोनों अपने टेस्ट दे रहे थे।

टेस्ट देने के बाद स्कूल बस हमें मेन रोड तक छोड़ती थी उसके बाद मैं और पराग प्राइवेट बस से आते थे जिसमे बहुत ज्यादा भीड़ होती थी जैसे तैसे बस के अंदर घुसना और उतरना पड़ता था।एक भी टेस्ट अच्छे नहीं जा रहे थे बस पास हो जाऊँ इतना करके आता था ऊपर से बस का संघर्ष जिससे हम 4:30 घर पहुंचते थे इसके बाद भी मैं दो बार बीमार पड़ा।

# "बब्बा की कुछ विशेषताएं"

ऐसा क्या खास था उनमे जो कि उनको विशेष बनाता था मैं यह बात आज भी सोचता हूं कि क्योंकि उनकी तेहरवी में भी मैं पूरे रिश्तेदार आए थे समाज के सभी लोग और शहपुरा के सभी वर्ग के लोगों की भीड़ जमा हुई थी। मेरा दुखी होना समझ आता है क्योंकि मैं उससे बहुत जुड़ा था पर इतने सारे लोगों का आना और दुखी होना उनके व्यक्तित्व को दर्शाता है। उनको और उनके व्यक्तित्व को समझना तब मेरी उम्र के दायरे में नहीं था क्योंकि तब मैं सिर्फ 14 साल का था पर मैंने अभी तक उनकी महानता को घर के सदस्य या दूसरे लोगों से सुनकर ही जाना है।

वह जब एक साल के थे तब उनके पिता शांत हो गए थे उनकी मां की दूसरी शादी हो गई थी पर वह अपनी मां के साथ नहीं बल्कि परिवार वालों के साथ ही रहे फिर 18 साल की उम्र में उनकी शादी हो गई।बीस की उम्र में वह गांव छोड़कर शहपुरा आ गए और किराए के घर में रहने लगे। जब उनके पास जमीन खरीदने और घर बनाने के पैसे आ गए तो उन्होंने घर बना कर, मंदिर बनवाया जिससे समाज के और भी लोग मोहल्ले में आकर रह सके। यहां तक कि उन्होंने समाज के कई लोगों की मोहल्ले में घर बनाने एवं जमीन खरीदने में आर्थिक सहायता भी की, किसी को उन्होंने अपनी खुद की जमीन बेचदी जिससे वो अपना घर बना सके और तो और कुछ जमीन खरीदी नहीं जिससे और लोग भी रह सके।

उनको मदद करना बहुत पसंद है वह किसी ना किसी की अनेक प्रकारों से मदद करते रहते थे।मुझे याद है घर के सामने एक औरत थी जिसके पैर टूटे हुए थे वह छोटी झोपड़ी बनाकर रहती थी मेरे घर से सुबह शाम उसके लिए खाना जाता था तब मैं 5 या 6 साल का था तो एक झलक याद है कि मैं रोटी देने जाता था उस औरत को फिर जब मैं बड़ा हुआ तो घर वालों ने उस औरत की पूरी कहानी बताई थी वह कर्नाटक की रहने वाली थी और कन्नड़ बोलती और हिंदी तो समझती ही नहीं थी, बोलना तो दूर की बात। बब्बा को भी पता था कि वो औरत कन्नड़ बोलती है, फिर शहपुरा के बैंक में एक मैडम की पोस्टिंग हुई तो वह कर्नाटक की रहने वाली थी, जैसे ही उन्हें यह बात पता चली तो उन्होंने मैडम को बुलाया और उस औरत से बात करायी उस, औरत ने अपनी पूरी कहानी बताई कि कैसे वह ट्रेन में जा रही थी अचानक ट्रेन से नीचे गिर गई।

फिर मैडम ने उनके घर वालों को पत्र लिखा और मेरे घर का पता और फोन नंबर दिया कुछ समय बाद उनके घरवाले शहपुरा आये और उस औरतों को ले गए। कुछ महीनों बाद उस औरत का पत्र "बब्बा" के लिए आया जो कन्नड़ में था यह तो स्वाभाविक ही था कि उस पत्र में उन्होंने बब्बा को धन्यवाद कहा होगा और उस औरत को घर वापसी का निमित्त बब्बा को ही बनना था नहीं तो यह काम पुलिस या अन्य कोई भी कर सकता था।

उनको लोगों को या जान पहचान वालों को घर बुलाकर भोजन कराना बहुत पसंद था,हफ्ते में दो दिन तो किसी ना किसी को बुलाकर भोजन जरूर करा देते थे।पहले वो दस बजे के आसपास पूछ लेते थे कि क्या बना है यदि कुछ स्पेशल बना होता तो फिर जरूर किसी ना किसी को बुलाते थे खास तौर पर हमारे मोहल्ले के डॉक्टर साहब को,तब हमारे मोहल्ले में एक ही क्लीनिक थी और डॉक्टर राजेंद्र जैन जबलपुर से अप डाउन करते थे उसके बाद पापा

के जो दोस्त थे वे रोज व्यापार हेतु घर आते थे अक्सर उनको भी भोजन कराया करते थे।

वैसे तो उनकी खुबियों का कोई अंत नहीं है और ना ही सब कुछ बताया जा सकता है। मुझे जिस खुबी ने सबसे ज्यादा प्रभावित किया था वह है उनका सब के प्रति सामान प्यार वह हम 15 बच्चों अम्मा और सभी मम्मी चाची सब को हर दिवाली पैसा दिया करते थे। वो घर के सामने से कोई भी खाने की चीज निकलती तो हमको जरूर खिलाते जैसे कि हम उस समय मुंबई की मिठाई और बुड्ढी के बाल बच्चों के लिए बहुत प्रिय चीज थी। और इसका सबसे बड़ा उदाहरण ये है की स्कूल से आने के बाद मैं और पराग हम दोनों बब्बा के पैर दबाते और बदले में हमें एक का सिक्का मिलता था लेकिन पराग कुछ सेकंड दबाता और रुक जाता और मैं पाँच मिनट तक फिर भी वह हम दोनों को ही एक का सिक्का देते।"बब्बा" के बारे में इतना जानना और उनको समझना तब मेरी उम्र में आसान नहीं था जब आज उनके बारे में घरवालों से सुनता और सोचता हूँ तब जाकर समझ आया है कि वो कितने महान व्यक्ति थे और शायद इसलिए उनकी तेहरवी में पूरे रिश्तेदार पूरी समाज और पूरा शाहपुरा मौजूद था और शायद यही कारण है कि उनके बारे में लिखते हुए मेरी आंखें पूरे समय नम रही।

∗∗∗

# "सपने की ओर पहला कदम"

जैसे तैसे करके हम तीनो एक साल पढ़कर पास हो गए पर पराग और पाली ने सेंट जेवियर में पढने से मना कर दिया है और जब मुझसे पूछा गया तो मैंने कहा पढ़ूंगा पर जबलपुर में कोचिंग करनी पड़ेगी फिर पापा मेरे रेडी हो गए लेकिन उन्होंने पूछा सब्जेक्ट कौन सा लोगे तो मैंने बोला मैथ्स-कॉमर्स, फिर उन्होंने समझाया कि कॉमर्स से कुछ नहीं होगा अगर कुछ करना ही है तो डॉक्टर बनो फिर मैंने कहा की उसके लिए मैथ-साइंस लेनी पड़ेगी और साइंस मुझे नहीं आती है फिर पापा ने कहा कि ले लो सब हो जाएगा फिर सब्जेक्ट फाइनल करके मैं जबलपुर में मेरे बड़े पापा-मम्मी के घर में शिफ्ट हो गया।

और जबलपुर आते ही सबसे पहले मैं रोनाल्ड सर के घर गया और सर से कहा मुझे कोचिंग ज्वाइन करना है, सर ने कहा मैथ की कोचिंग करनी है या मैथ साइंस दोनों की मैंने कहा सर करनी तो दोनों की है पर साइंस तो बिल्कुल नहीं आती है तो सर ने कहा फिर तो तुम्हें अजय सर के पास ही जाना चाहिए। जिस प्रकार गुरु अपने शिष्य को हमेशा सही राह दिखाता है और सब का भला सोचता है उसी प्रकार सर ने मुझे भी अजय सर के पास जाने को कहा वरना यह भी कह सकते थे कि मैथ मेरे यहां पढ़ लो और साइंस की कोचिंग किसी और के यहां।

फिर मैंने अपने दोस्तों से बात की, अजय सर के बारे में पता चला कि सिर्फ पूरे जबलपुर में अजय सर ही है जो आई. सी. एस. ई. का कोर्स पढ़ाते हैं बाकी सारे टीचर एक या दो सब्जेक्ट बस पढ़ाते

हैं। फिर मैंने और मेरे दोस्तों ने कोचिंग जाना शुरु कर दिया। अब मैं जबलपुर के माहौल में ढल चुका था मेरे अच्छे दोस्त बन गए मेरी भाषा इम्प्रूव हो गई थी पढ़ाई का डर नहीं था सब बढ़िया चल रहा था।

अचानक से एक दिन स्कूल में अनाउंसमेंट हुआ कि सोमवार से स्कूल की क्रिकेट टीम का ट्रायल है जो कि स्कूल टाइमिंग के बाद होगा। मैंने जैसे ही यह सुना अंदर एक अलग ही फीलिंग सी हुई जैसे कुछ बहुत पुराना याद आ गया हो कि हां यही तो मेरा सपना है क्रिकेटर बनने का। फिर घर आकर मैंने पापा को कॉल किया और सब बताया उन्होंने कहा जाओ न हर चीज में तुम को पार्टिसिपेट करना चाहिए कोई बुराई थोड़ी ना है।और सोमवार को क्लास होने के बाद में ग्राउंड में आ गया जहां ट्रायल होना था कम से कम 100 बच्चों की भीड़ थी उसमें 22 बच्चों को सिलेक्ट किया जाना था जैसा कि क्रिकेट के ट्रायल में हमेशा होता है एक साइड बैट्समैन हो जाए, एक साइड बॉलर, एक साइड विकेटकीपर और एक साइड ऑलराउंडर हो जाए तो मैं ऑलराउंडर कि ग्रुप में जाकर खड़ा हो गया।

टीम को सिलेक्ट करने वाले और टीम के कोच थे रिची सिवेरिओ हम सब उन्हें रिची भैया कहकर बुलाते थे।उन्होंने कुछ बैट्समैन को बैटिंग करने के लिए भेजा और चार बोलर को बॉल दी, ट्रायल शुरू हो गया जो बैट्समैन अच्छा खेल रहा था वो कंटिन्यू खेल रहा था और जो खेल नहीं पा रहा था वह चेंज हो रहा था,तभी दो बॉलर अच्छे से बॉल नहीं कर पा रहे थे तो कोच ने आलराउंडर के ग्रुप से मुझे बुलाया पूछा क्या करते हो मैंने कहा बैटिंग बोलिंग दोनों, तो उन्होंने कहा अभी बॉलिंग करो।

यह मेरे जीवन में पहली बार था जब मैं लेदर बॉल से क्रिकेट खेलता, मैंने तुरंत अपना रन अप लिया और बॉलिंग के लिए दौड़ा और पहली बॉल ही वाइड चली गई अब मेरे मन में तुरंत डर आ

गया कहीं मुझे भी रिची भैया बॉलिंग से रोक ना दे,जैसे दूसरे लड़कों को रोका फिर मैं वापस अपने रनअप पर आ गया तभी रिची भैया ने कहा कोई बात नहीं फिर से करो तब मुझे थोड़ा आत्मविश्वास आया, थोड़ा सोचा कि सारे लड़के वाइड बॉल डाल रहे हैं इसका मतलब की टेनिस बॉल से ज्यादा कंट्रोल चाहिए इसमें, फिर मेरी टर्न आने पर मैंने बॉल की तो बहुत सही जगह गिरी और थोड़ी सी आउटस्विंग हुई तो तुरंत पीछे से आवाज आई वेल बोल्ड (बहुत अच्छी बॉल की) वर्षिल । मैंने और भी बॉल डाली सारी की सारी बॉल सही ठिकाने पर गिर रही थी फिर रिची भैया ने मुझे बुलाकर पूछा कि तुम मुझे अपनी बाल पकड़ने का तरीका बताओ, मैंने उनको दिखाया कि मैं इस तरह बॉल को पकड़ रहा हूं । फिर उहोने मुझे बॉल की ग्रिप को थोड़ा बाहर पकड़ कर बॉल करने को कहा मैंने वैसे ही पकड़ कर बॉल डाली, तो इस बार बॉल और ज्याद बाहर की ओर स्विंग हुई । भैया ने फिर कहा बहुत अच्छे वर्षिल फिर कुछ और देर मैंने बोलिंग की फिर भैया ने मुझे रोक दिया।

अगले दिन फिर ट्रायल चला जिनको पहले दिन मौका नहीं मिला आज उन्होंने बॉलिंग बैटिंग की,कुछ देर बाद मोहित विश्कर्मा की बेटिंग आई जो बहुत ही अच्छा खेल रहा था।वह सभी बॉलर को ग्राउंड के चारों ओर शॉट मार रहा था। फिर रिची भैया ने मुझे और मेरे क्लासमेट अंकित को बोलिंग के लिए बुलाया फिर हम दोनों बॉल करने लगे और हमारे आते ही मोहित संभलकर खेलने लगा और सिर्फ लूस बॉल पर ही शॉट मारता।कुछ देर बाद रिची भैया में हम तीनों को अलग कर दिया और दूसरों से बोलिंग बैटिंग करायी।

दो दिन के ट्रायल समाप्त होने के बाद रिची भैया ने लिस्ट बनायीं। शाम को बाईस प्लेयर्स के नाम घोषित किए जिसमें मेरा भी नाम था हम सभी को सुबह छः बजे आने को कहा क्योंकि हमारी प्रैक्टिस-नेट्स का समय स्कूल लगने के पहले रखा गया जो 8:00 बजे था,

जिससे हमारी पढ़ाई पर कोई असर ना पड़े।मैंने घर आते ही सबको बताया कि मेरा क्रिकेट टीम में सिलेक्शन हो गया है फिर रात को पापा को कॉल करके सिलेक्शन के बारे में बताया पापा ने नॉर्मल ही कहा कि ठीक है जाओ खेलो। फिर अगले दिन सुबह हम 22 में से 18 लड़के स्कूल पहुंच गए और हमारी नेट्स प्रैक्टिस चालू हो गई।

मेरे स्कूल के पीटी सर थे संतोष सर जो कि हर पीटी सर की तरह बहुत ही खतरनाक थे एकदम लंबे और तगड़े थे कि कोई उन्हें देखकर डर जाए स्कूल के हर बच्चे के मन में चाहे लड़के हो या लड़की संतोष सर का एक अलग ही खौफ था। क्योंकि वह पीटी सर थे तो स्पोर्ट्स डिपार्टमेंट इनके अंडर ही था और स्कूल की किसी भी स्पोर्ट की टीम फाइनल संतोष सर ही करते थे। जैसे ही हमारी मैच प्रैक्टिस समाप्त हुई संतोष सर आ गए, रिची भैया ने हम अठारह लडको को सर से मिलाया,सर मेरी तरफ देख कर बोले यह भी है टीम में, क्योंकि उन्हें पतले दुबले लड़के टीम में पसंद नहीं थे तभी रिची भैया ने कहा अच्छा प्लेयर है मैं देख लूंगा फिर संतोष ने तुरंत मेरा नाम और क्लास पूछी मेरे जवाब देने के बाद उन्होंने तुरंत कहा शहपुरा से आते हो ना तो तुम प्रैक्टिस कैसे करोगे मैंने कहा सर मेरा घर जबलपुर में भी है अब यहीं रहता हूं। फिर उन्होंने मन में कुछ सोचते अपना सर हिलाया। कहा जो डेली प्रैक्टिस करने आएगा जो अनुशासन में रहेगा वही टीम में रहेगा और एक-दो दिन में तुम्हारा प्रैक्टिस मैच कराता हु सब पता चल जाएगा कौन कैसा खेलता है।

स्कूल समाप्त होने के बाद में घर पहुंचा मैंने अपने पापा को कॉल करके सब बताया की प्रैक्टिस की टाइमिंग क्या है कैसे होती है प्रैक्टिस, यह सभी बताया उन्होंने ने तुरंत कहा कि तुम इतनी सुबह अकेली नहीं जाओगे वरना मुझे नहीं खिलाना क्रिकेट तुम्हें । तब मैं कुछ नहीं कह पाया पर बाद में मुझे याद आया कि रवि सुबह जल्दी स्कूल जाता उसके साथ मैं भी जा सकता हूं।रवि मेरे स्कूल का बस

कंडक्टर था वह शहपुरा की बस में कंडक्टर था तो मैं उसे पहले से जानता तो था ही साथ ही साथ हमारी बहुत अच्छी दोस्ती भी थी।

मैंने तुरंत रवि को कॉल किया उससे बात की,कि तुम कितने बजे जाते हो स्कूल रवि ने कहा मैं तो 5:00 बजे निकल जाता हूँ 5:30 बजे पहुंचकर बस साफ करके 6:00 बजे शहपुरा के लिए निकल जाता हूं। फिर मैंने कहा कि मेरी क्रिकेट प्रैक्टिस है सुबह 6:00 बजे से मेरे साथ स्कूल चलोगे फिर रवि ने तुरंत हाँ कह दिया और कहा कि मुझे तो 5:30 बजे पहुंचना ही है तो तुम 5:00 बजे रेडी हो जाओगे ना मैंने हां कह दिया फिर रात को मैंने पापा को कॉल करके बता दिया उन्होंने कुछ नहीं कहा। फिर अगले दिन मैं सुबह 4:30 बजे उठ गया मेरे साथ मेरी बड़ी मम्मी भी उठी और मेरे लिए दूध नाश्ता और टिफिन रेडी किया। ठीक 5:00 बजे रवि घर के बाहर आकर खड़ा हो गया इस तरह यह मेरी टूर्नामेंट तक डेली रूटीन हो गई थी।

रवि के साथ जाने से मैं आधा घंटा पहले स्कूल पहुंच जाता था और सब के आने का इंतजार करता था। सबके आने के बाद हमारी प्रैक्टिस चालू हुई और उस दिन कुछ बैट्समैन ने हीं बैटिंग की और फिर फील्डिंग की प्रेक्टिस चालू हुई, तब सबसे पहले मेरे मन में सवाल आया कि रिची भैया मुझे बैटिंग क्यों नहीं देते है। लेकिन मैंने उनसे कुछ कहा नहीं। अब अलग-अलग तरह की फील्डिंग प्रैक्टिस चालू हुई यहां भी मेरा प्रदर्शन बहुत अच्छा रहा रिची भैया मेरी फ़ील्डिंग से भी बहुत प्रभावित हुए और फिर उन्होंने सेशन समाप्त होने पर मेरी अंकित और मोहित की तारीफ की।

#  "पहला मैच"

दो दिन की प्रैक्टिस के बाद संतोष सर ने हमारा पहला प्रैक्टिस मैच जॉनसन स्कूल के साथ रखा यह मेरा पहला मैच था जो लेदर बॉल से खेलने जा रहा था।हम सब सुबह 7:30 पर स्कूल पहुंच गए फिर स्कूल बस ने हमें यूनिवर्सिटी ग्राउंड छोड़ दिया और ठीक 9:00 बजे मैच स्टार्ट हुआ जिसमें 30 ओवर दोनों टीमों को खेलने थे।अब हमारी टीम टॉस हार गई और हमने पहले बॉलिंग की,नयी बॉल से शुरुआत इंदरजीत ने की और शुरुआती ओवरों में ही इंद्रजीत ने विकेट चटकाए। मुझे सोलह ओवर बाद बॉलिंग मिली चार या पांच ओवर मैंने भी डाले और मुझे भी 3 विकेट मिले पर पहला मैच खेलने के कारण मुझे रनअप में समस्या आ रही थी मैं बार-बार थक जा रहा था जिससे रिची भैया बिल्कुल खुश नहीं थे।फिर पूरे तीस ओवर समाप्त हो जाने के बाद हमारी टीम को 168 रन का लक्ष्य मिला फिर हम सब पारी के अंतराल पर पवेलियन वापस आए जिन्होंने खराब फील्डिंग या बोलिंग की तो पहले रिची भैया ने उन्हें डांटा फिर लास्ट में मुझे मेरे रनअप के लिए डाँटा।

फिर इनिंग ब्रेक के बाद हमारी टीम की बैटिंग आई मोहित ओपनिंग करने गया और जाते ही मोहित में कुछ अच्छे शॉट्स खेले पर हमारी ओर से हमारे विकेट गिरना चालू हो गए।एक-एक करके हमारे बैट्समैन जाते जा रहे थे और आउट होकर वापस आते जा रहे थे और मैं बस यही सोच रहा था कि मेरी बैटिंग कब आएगी मोहित भी लगभग 40 बनाकर आउट हो गया फिर बाद में हमारा एक विकेट बस बचा था और एक बॉल में दो रन चाहिए थे तो रिची भैया ने मुझे

बेटिंग के लिए भेजा अब एक बॉल में दो रन चाहिए थे तो मुझे बिल्कुल भी टेंशन नहीं थी क्योंकि मुझे अपनी बेटिंग दिखानी थी पर एक बॉल में क्या दिखाता मेरे मन में आया जो होगा देखा जाएगा।

जैसे ही बॉल आई कि मैंने बेट घुमा दिया और बॉल सीधा दो फील्डर के गैप में से 4 रन के लिए बाउंड्री पर गई इस तरह हम मैच जीत गए, टीम के सारे प्लेयर्स मेरी ओर दौड़े और मेरे ऊपर कूद गए, मैं जमीन पर गिर गया और ख़ुशी से चिल्लाने लगे,फिर मैंने जैसे तैसे कहा "अबे मेरे ऊपर से तो उठो" ।फिर हम सब ग्राउंड के बाहर आ गए रिची भैया ने मुझे गले से लगा कर शाबाशी दी।सबने जीत की ख़ुशी मनाई फिर रिची भैया ने संतोष सर को कॉल करके बताया के हम जीत गए है।लास्ट बॉल में दो रन चाहिये थे तो वर्षिल ने चौका मार का जिताया।

मैच तो हो गया था पर अगले दिन संडे था तो हमारा प्रैक्टिस का समय 8:00 बजे रखा गया। हम सब ने स्कूल पहुंचकर समय से वार्म अप चालू कर दिया और पूरे वार्म अप के दौरान मैं यह सोचता रहा आज रिची भैया से बोलूंगा कि मुझे आप बैटिंग क्यों नहीं देते। फिर वार्म अप हो जाने के बाद रिची भैया ने बैट्समैन को पैडअप होने को कहा दिया और बॉलर को बॉल दे दी,फिर मैंने कहा भैया आप मुझे बेटिंग क्यों नहीं देते, उन्होंने कहा तुम तो बॉलर हो न। मैंने कहा आपको ट्रायल के समय आलराउंडर बताया था ना। फिर उन्होंने कहा ठीक है अभी बोलिंग करो बाद में बैटिंग कराता हूँ। मैंने अपना रनअप लेकर बोलिंग करना शुरू कर दिया।

एक के बाद एक बेटिंग करने आते जा रहे थे और मुझसे बैटिंग के लिए अभी तक नहीं कहा गया, मैं बोलिंग करके थक भी गया था तब भी उन्होंने कहा नहीं बैटिंग के लिए,फिर मैंने सोचा कि आज भी बैटिंग नहीं मिलनी फिर जब बैटिंग पूरी हो गई तब उन्होंने कहा आज वर्षिल भी बैटिंग करेगा,जाओ वर्षिल पैडअप हो जाओ,तो कुछ लड़के

हँसने ।लगे मैं जल्दी से गया पैडअप हो कर बैटिंग करने के लिए खड़ा हो गया और जैसे ही पहली बॉल आई मैंने शॉट मारा बॉल स्कूल से बाहर जाकर रोड क्रॉस करके गुम हो गई सब ने बहुत कोशिश की पर बॉल नहीं मिली । सब मुझसे आश्चर्य होकर देखने लगे कि पतला सा तो है, इतना लंबा छक्का कैसे मार सकता है।

रिची भैया ने तब कहा कुछ नहीं पर उन्होंने अपने चेहरे के एक्सप्रेशन से शार्ट की तारीफ की मैं फिर से बैटिंग करने के लिए गया,अब मैं रुकने वाला नहीं था मैं लगातार बॉल को ग्राउंड के चारों ओर मारने लगा फिर रिची मैया ने टीम के मेनबॉलरो को बॉल करने को कहा पर मैंने उनको भी नहीं छोड़ा उनको भी लगातार शॉट मारता रहा यह सब लगभग पंद्रह मिनट चला । सब मेरी बैटिंग से इम्प्रेस हो गए थे फिर रिची भैया ने कहा तुम बैटिंग करते हो बताया क्यों नहीं मैंने कहा आपको बताया था पर आपने कभी बैटिंग दी ही नहीं उन्होंने कहा चलो ठीक है कल से करना।

अगले दिन फिर वही सुबह 4:30 बजे उठकर मैं स्कूल पहुंच गया और रिची भैया ने संतोष सर को भी बुला लिया । सब की बॉलिंग और बैटिंग दिखाने के लिए मैंने पहले बॉलिंग की इसका इम्प्रैशन संतोष सर पर क्या पड़ा मुझे पता नहीं।

लेकिन दो बैट्समैन के बाद रिची भैया ने मुझे पैडअप होने को कहा मैं जल्दी से पैडअप हो कर बैटिंग करने चला गया और जाते ही मैंने अपना नेचुरल गेम खेलना स्टार्ट कर दिया और शोर्ट देखकर सर भी खुश हो गए और उन्होंने स्कूल बिल्डिंग से ही मुझसे चिल्लाकर कहा "बहुत अच्छे वर्षिल" । सबकी बैटिंग बॉलिंग देखने के बाद सर ने रिची भैया से बात की और हमारी टीम के सभी लड़कों को टूर्नमेंट में भेजने के लिए रेडी हो गए।

# "संतोष सर का थप्पड़"

कुछ दिन लगातार हमने प्रैक्टिस कि अब मुझे भी डेली बैटिंग मिलने लगी थी फिर हमें पता चला कि अगले हफ्ते हमारी टीम का पहला मैच है तो तैयारी मैच के हिसाब से होने लगी रिची भैया सबको कुछ न कुछ बताते, सुधार कराते, गलती पर डांटते, तो मुझे भी उन्होंने बैटिंग में कुछ नई तकनीक बताई कुछ सुधार कराया कुछ टिप्स बॉलिंग में भी दी। और उनकी सबसे अच्छी बात प्रैक्टिस के बाद हम सब के साथ बैठकर हंसी मजाक करते थे।

अब टीम में बैटिंग लाइनअप डिसाइड हुआ जो, कंफर्म नहीं था बस बताया गया कि 4 लड़कों में से कोई ओपनर होगा अगले 4 में से कोई मिडिल ऑर्डर में बैटिंग करेगा बाकी के बॉलर को बताया कि नई बॉल कौन डालेगा, पहले बदलाव में मुझे कहा गया बॉलिंग करने को और उसी हिसाब से हम सब प्रैक्टिस करने लगे।

अब हमारा टूर्नामेंट का पहला मैच आया मैच के एक दिन पहले प्लेयिंग एलेवन का ऐलान हुआ जिसमें मेरा भी नाम था और हम सबको कोच ने मोटीवेट किया टेंशन फ्री किया और फिर अच्छा खेलने के लिए कहा । अगले दिन हम सब ग्राउंड पहुंच गए संतोष सर भी वहां थे। हम सब ने वार्म अप किया और मैच खेलने के लिए रेडी हो गए मैच 20 ओवर का था टॉस जीतकर हमने पहले बैटिंग करने का निर्णय लिया । दोनों ओपेनर्स 4 ओवर के अंदर आउट हो गए ।धीरे-धीरे टीम का स्कोर बढ़ा पर एक के बाद एक बैट्समैन आउट होते जा रहे थे रिची भैया ने मुझे कहा वर्षिल रेडी हो जाओ

नेक्स्ट तुम जाओगे पर संतोष सर ने मना कर दिया कहां वर्षिल को लास्ट में भेजेंगे तब हमारी टीम का स्कोर लगभग 100 के आसपास था 15.4 ओवर हो गए थे और 8 विकेट गिर गए थे तब सर ने मुझे भेजा मैं नॉन स्ट्राइक पर था की सोलह ओवर की लास्ट बॉल पर एक और विकेट गिरा अब लास्ट विकेट बचा था और मेरी बैटिंग आई और अंदर जाते वक्त रिची भैया ने कहा वर्षिल पूरे 20 ओवर तक खेलना है । 16.1 ओवर मैंने स्ट्राइक पर था पहली ही बॉल में मैंने सिक्स मारा।बॉल ग्राउंड के बाहर चली गई और गुम गई । बाहर से फिर आवाज आई,इस बार यह आवाज संतोष सर की थी वर्षिल आराम से खेल पूरे 20 ओवर खेलना है दूसरी बार मैंने फिर से सेम शॉट खेला बॉल फिर से ग्राउंड के बाहर, तीसरी और चौथी बॉल पर मैंने चौका मारा,पांचवी खाली ली गई अब लास्ट बॉल के पहले मैंने सोचा की एक रन ले लेता हूं जिससे अगले ओवर में मैं स्ट्राइक पर आ जाऊ । अब लास्ट बॉल में भी मैंने ग्राउंड शॉट खेला बॉल गैप में गयी तीन रन आसानी से थे,पर दूसरे बैट्समैन ने स्ट्राइक के चक्कर में मुझे रन आउट करवा दिया और टीम भी आलआउट हो गयी, टीम का स्कोर 128 था।

मैं पवेलियन की तरफ जाने लगा जैसे ही पास गया संतोष सर पर नजर पड़ी, सर बहुत गुस्से में थे ऐसा लग रहा था कि मेरी जान ही ले लेंगे मैं जैसे ही वहाँ पहुंचा सर ने मुझे बहुत ही जोर से थप्पड़ मारा कुछ देर के लिए मेरा कान बिल्कुल सुन्न पड़ गया । कुछ देर के लिए तो समझ में नहीं आया कि क्या हुआ फिर सर ने कहा "बोला था ना तुमसे आराम से खेल पूरे बीस ओवर खेलना है"। फिर दूसरे लड़के को मारा और कहा तुझे स्ट्राइक में आना ज्यादा जरूरी था यह एक ऐसा थप्पड़ था जो मुझे जीवन भर याद रहेगा आज भी जब उसके बारे में सोचता हूं तो सबसे पहले वह गूंज याद आती है।

कुछ देर के सन्नाटे के बाद रिची भैया ने कहा चलो रेडी हो जाओ हमें बॉलिंग करनी है 20 मिनट का ब्रेक था । पर वह 20 मिनट 2 घंटे के समान थे जो कट नहीं रहे थे फिर रिची भैया ने सबको बेसिक रणनीति बताई कि नार्मल बोलिंग करनी है वाइड नहीं डालना है,मिस फ़ील्ड नहीं करना है पर हमारी टीम का स्कोर बहुत कम था और दूसरी टीम ने मैच बहुत आसानी से जीत लिया था। उनके पांच विकेट गिरे थे जिसमें दो विकेट मैंने लिए थे । तो हार के बाद हम सब ग्राउंड के बाहर जाने से डर रहे थे, क्योंकि संतोष सर बहुत बुरी तरीके से क्लास लेंगे पर ग्राउंड के बाहर तो जाना ही था और जैसे ही हम गए मैंने पहली बार रिची भैया का चेहरा उदास देखा पर उन्होंने कुछ भी नहीं कहा । संतोष सर ने सिर्फ एक ही बात कही आज के बाद मुझसे स्पोर्ट्स का नाम नहीं लेना ।हम सब अपना चेहरा लटकाए सब अपने घर चले गए । वह पहला दिन था मेरे लिए जब मैच में मिली हार का दर्द एहसास हो रहा था।

# "भोपाल बैंकॉक बैंगलोर"

टूर्नामेंट का पहला मैच हारने के बाद ऐसा लगा मानो सब खत्म है चलो अब पढ़ाई में ध्यान देते हैं लेकिन जब रास्ता पहले से लिखा हो तो मंजिल कैसे तय कर सकते हैं । लगभग दो महीने बाद संतोष सर ने मुझे और अंकित को बताया कि भोपाल में टूर्नामेंट है जिसके लिए ट्रायल होगा,तो तुम दोनों चले जाना। मैं और अंकित दोनों गए ट्रायल और हमारा टीम में सिलेक्शन हो गया।कुछ दिन बाद हमें भोपाल के लिए निकलना था।स्कूल आकर संतोष सर को बताया तो सर बहुत खुश हुए। घर आकर सब को बताया तो घर पर भी सब खुश थे और सभी के कॉल आने लगे।फिर हम लोग भोपाल के लिए ट्रेन से निकल गए और पूरे रास्ते मस्ती करते हुए भोपाल पहुंच गए।

अगले ही दिन हम ग्राउंड पहुंच गए वहां पहुंचकर हमें पता चला कि यह सिर्फ एक "सिक्स ए साइड" टूर्नामेंट है। जिसमें एक टीम में छह ही प्लेयर होंगे और सिर्फ 5 ओवर एक एंनिंग में डाले जाएंगे जिसमें छह में से कोई भी पांच प्लेयर एक एक ओवर ही डालेंगे। लगभग 100 टीमों ने पार्टिसिपेट किया था हम जबलपुर के 16 लड़कों को दो टीम में बाँट दिया गया दोनों टीम में आठ आठ, जिसका नाम था जबलपुर जूनियर्स,जबलपुर सीनियर्स। 16 लडको में एक भैया थे जो पिछले कुछ सालो से यह टूर्नामेंट जबलपुर से खेलने आ रहे थे।तो वही हमारे कोच थे, और जबलपुर सैनियर्स के कप्तान भी और उन्होंने मुझे जबलपुर जूनियर्स का कैप्टेन बनाया।

एक दिन में बहुत सारे मैच होते थे क्योंकि पाँच ओवर में ज्यादा समय नहीं लगता था, यह एक नॉकआउट टूर्नामेंट था और दो ग्राउंड में मैच चल रहे थे हम लगभग एक दिन में तीन से चार मैच खेलते थे जो भी टीम हारती वो टूर्नामेंट से बाहर हो जाती। मैं हर मैच में रन बना रहा था साथ ही साथ विकेट भी लेते जा रहा था सब मेरी विस्फोटक बल्लेबाजी से मैच बाय मैच प्रसन्न होते जा रहे थे साथ ही हमारी टीम लगातार मैच जीतते जा रही थी तो, सब मेरी बैटिंग और कप्तानी से इम्प्रेस हो गए थे। दूसरी ओर जबलपुर सीनियर्स भी लगातार सारे मैच जीत रही थी और हुआ यह कि जबलपुर की दोनों टीम सेमीफाइनल में पहुंच गई साथ ही भोपाल की दो टीमे भी सेमीफाइनल में पहुंची थी।

हुआ वही जो हमें लग रहा था, आयोजकों ने दोनों जबलपुर की टीमों के बीच पहले मैच कराया और दूसरा मैच दोनों भोपाल की टीमों के बीच कराया, जिसमें ये ना हो भोपाल की दोनों टीमें फाइनल से बाहर हो जाये। अब पहले मैच जबलपुर सीनियर्स औरजबलपुर जूनियर्स के बीच में हुआ मेरी टीम की पहले बैटिंग आई, मैंने जाते ही अपना गेम खेलना शुरू कर दिया और नॉन स्ट्राइक से विकेट गिरते जा रहे थे और हमारी टीम ने बहुत ही कम स्कोर किया, जबलपुर सीनियर्स की बैटिंग आई तो उन्होंने आसानी से मैच जीत लिया फिर जबलपुर सीनियर्स के कप्तान और हमारे कोच ने हाथ मिलाने के समय में मुझसे कहा "कोई बात नहीं तुमने पूरे टूर्नामेंट में बहुत शानदार बैटिंग की"।

फाइनल जबलपुर सीनियर और भोपाल की एक कॉलेज की टीम के बीच हुआ और फाइनल, फाइनल की तरह ही हुआ पहले जबलपुर सीनियर्स की बैटिंग आई उन्होंने 60 के आसपास का लक्ष्य दिया, जवाब में भोपाल की टीम ने उतने ही रन बना लिये और मैच टाई हो गया फिर तय हुआ कि बॉल आउट से हार जीत तय होगी।

जिसमें दोनों टीमों को पांच-पांच चांस मिले बॉल से स्टाम्प को मारने के लिए, भोपाल ने पहला मिस किया, जबलपुर ने हिट किया, भोपाल में दूसरा हिट किया, जबलपुर ने मिस किया, भोपाल ने तीसरा मिस किया,जबलपुर ने हिट किया, भोपाल ने चौथा फिर मिस किया जबलपुर ने हिट किया इस तरह स्कोर से भोपाल एक और जबलपुर तीन से जीत गया । हम सब ने ग्राउंड की ओर दौड़ लगा दी और सब ने मिलकर सेलिब्रेट किया।

इस तरह जबलपुर ने टूर्नामेंट जीता, जीत के बाद टीम के कप्तान को 8 मैडल और शील्ड मिली सबने ट्रॉफी के साथ फोटो ली, सेलिब्रेट किया फिर सबसे लास्ट में जबलपुर सीनियर के कप्तान सबको मैडल देने लगे उन्होंने अपनी टीम के एक प्लेयर को मैडल ना देकर मुझे मैडल दिया और कहा तुम इसके लायक हो यह तुम्हारा है और मुझे अपने हाथों से पहना दिया मैडल पाकर मेरे चेहरे में खुशी आ गई और एक एहसास हुआ कि हां मैंने कुछ हासिल किया कुछ अच्छा किया जिससे मुझे मैडल मिला।

और इस टूर्नामेंट में बलजीत सिंह सर की नजर मेरे ऊपर पड़ी वह उस समय इंडियन इंडोर क्रिकेट एसोसिएशन के सेक्रेटरी थे उन्होंने मुझे बुलाया सबसे पहले पूछा कहां से हो मैंने कहा जबलपुर से ही तो उन्होंने कहा अच्छा खेलते हो फिर उन्होंने कहा मेरे साथ खेलने चलोगे मैंने बस इतना ही कहा जी सर फिर हमने टूर्नामेंट जीतने की खुशी में भोपाल में थोड़ी खरीदी की रात में सब बाहर खाने गए और अगले दिन ट्रेन से जबलपुर वापस आ गए।

वापस आकर मैंने घर में सब को बताया की मैं कैप्टन था एक टीम का मेरी टीम सेमीफाइनल में तो हार गई लेकिन मुझे भी मैडल मिला और टूर्नामेंट में सबसे ज्यादा रन भी मेरे थे। कुछ दिन तो ऐसे ही निकल गए फिर नया साल आया नया साल मेरे लिए भी कुछ नया

लेकर आया मुझे संतोष सर ने बताया कि तुम्हारा सिलेक्शन हो गया इंडिया टीम में यह सुनकर मैं तो चकित हो गया कि मेरा कौन सी इंडिया टीम में सिलेक्शन हो गया सर ने कहा बलजीत सर का कॉल आया था उन्होंने तुम्हारा मोबाइल नंबर मांगा है।

उस समय मेरे पास मोबाइल तो नहीं होता था तो मैंने अपने पापा का नंबर दे दिया और घर आते ही पापा को कॉल किया कि मेरा टीम इंडिया में सिलेक्शन हो गया भोपाल से बलजीत सर का कॉल आएगा आपके पास बात कर लेना फिर शाम को 7:30 के करीब मेरे भाई के मोबाइल में बलजीत सर का कॉल आया और मुझसे उन्होंने बात की बोले मैं याद हूँ ना तुम्हें मैंने कहा बिल्कुल सर। सर बोले मिठाईयां बांटो तुम्हारा इंडिया इंडोर टीम में सिलेक्शन हो गया तो मैं चुप रहा तो उन्होंने मुझे समझाया कि थाईलैंड में हर साल एक टूर्नामेंट होता है उसमें इंडियन इंडोर टीम भी भाग लेती है और मैं चाहता हूं कि तुम भी हमारे साथ थाईलैंड चलो फिर मैंने कहा ठीक है सर मैं चलूँगा। फिर सर ने पूछा तुम्हारा पासपोर्ट है मैंने बोला नहीं तो उन्होंने कहा घर बात कर लो और कल ही पासपोर्ट ऑफिस जाकर सारी फॉर्मेलिटी कर लो और एक हफ्ते के अंदर भोपाल आ जाओ और अगर तुम नहीं आए तो पासपोर्ट नहीं बन पाएगा फिर तुम नहीं जा पाओगे।

सबसे पहले तो मैंने अपने घर में सब को बताया फिर मैंने अपने पापा को कॉल करके यह सब समझाया पापा ने कहा कि जाओ और फिर मुझसे कहा कि बलजीत सर से बात करने दो पहले। मैं तो यह सुनकर एकदम झूम उठा एक अलग ही खुशी मिली थी मानो कुछ बहुत बड़ा हासिल कर लिया है । पूरे घर के लोगों में रिश्तेदारों में एक अलग ही खुशी की लहर थी मानो एक त्यौहार सा आ गया ।और अगले ही दिन में पासपोर्ट ऑफिस गया और दो फार्म लेकर आया और उसे भरना शुरू कर दिया उस समय मुझे ज्यादा इंग्लिश नहीं

आती थी तो बहुत सी चीजें फार्म में पूछी गई मुझे समझ में नहीं आ रही थी तो मैं फॉर्म भरने के लिए स्कूल ले गया स्कूल में मेरे लिए उस समय रोनाल्ड सर ही सब कुछ थे तो उनसे मैंने अपना फॉर्म फिल करवा लिया।

जनवरी माह के कुछ दिन ही बाकी थे और इधर मैंने अपनी तैयारी शुरू कर दी थी मैं अपने भाई के साथ स्पोर्ट्स दुकान गया।मुझे मेरे लिए बैटिंग किट लेनी थी जिसमे ग्लव,पैड,बेट, हेलमेट आदि आते हैं। जैसे-जैसे एक एक समान मेरे सामने आते जा रहा था वैसे वैसे मेरे चेहरे पर मुस्कुराहट आती जा रही थी मानो किसी बच्चे के सामने उसके मनपसंद खिलौने आ रहे हो और मेरे लिए बैटिंग किट बिल्कुल उसी तरह थी जैसे एक योद्धा के लिए उसके शस्त्र होते हैं। किट लेकर आने के बाद मैं तुरंत ही किट पहनकर रेडी हो गया और सब को दिखाने लगा और मुझे देखकर सब हंसने लगे यही नहीं कुछ दिन तक मैं बॉल पूरे टाइम अपने हाथ में लिया रहा खाते और सोते समय भी।

पासपोर्ट के लिए भी मैंने सारे डॉक्यूमेंट रेडी कर लिए थे पर एक समस्या आ गई थी पासपोर्ट बनवाने के लिए पुलिस का वेरिफिकेशन लगता है जिसमें वह यह सत्यापित करके देते हैं कि आवेदक का पता सही है एवं आवेदक पर कभी भी या वर्तमान में किसी भी प्रकार की कानूनी कार्यवाही नहीं चल रही है। और पुलिस ने अभी तक वेरिफिकेशन नहीं किया था तभी बलजीत सर का कॉल आया तुम 2 तारीख को भोपाल आ जाओ 9 तारीख को हमें कोलकाता निकलना है। अब समझ नहीं आ रहा था कि क्या करूं तभी मैंने अपने चाचा को कॉल किया उन्होंने थाने में बात की फिर जाकर मुझे पुलिस से वेरिफिकेशन मिला और उसे लेकर मैं गौरव भैया के साथ भोपाल निकल गया।

निकलने से पहले मैंने सर को कॉल करके बताया कि सब रेडी है मैं आ रहा हूं तो सर ने बताया कि पासपोर्ट ऑफिस तो सुबह 10:00 बजे खुलता है पर तुम वहां सुबह 6:00 बजे से लाइन में लग जाना क्योंकि सिर्फ 12 से 10 लोगों के आवेदन 1 दिन में स्वीकार किए जाते हैं तो सुबह तुम भी 6:00 बजे पहुंच जाना। ट्रेन रात में थी और सुबह 5:00 बजे हम भोपाल पहुंच गए स्टेशन से बाहर आकर तुरंत हम पासपोर्ट ऑफिस पहुंच गए लगभग 6:15 बजे थे और वहां एक अंकल पहले से खड़े थे इसका मतलब मेरा दूसरा नंबर था पासपोर्ट आवेदन के लिए।

जब तक ऑफिस खुल नहीं गया तब तक मैं और गौरव भैया बारी-बारी से रेडी होने लगे नाश्ता करने गए पर अपना नंबर नहीं खोया अब करेक्ट 10:00 बजे एक-एक करके हमारे सामने सारे कर्मचारी लोग आए और 5 मिनट में उन्होंने आवेदन खिड़की खोली। अब एक आवेदक की फाइल में कम से कम 15 से 20 मिनट लगते थे चेक करने के बाद ही फाइल सबमिट होती थी और खिड़की खुलने का समय 10:00 से 1:00 था पहले आवेदक को 15 मिनट लगे फिर मेरा नंबर आया और अपनी फाइल दी कर्मचारी ने जैसे ही फाइल खोलकर देखी तुरंत उसने मुझे लौटा दी और कहा कि तुम्हारे घर के पते में तुम्हारे पापा का नाम नहीं हैं तुम्हारे पिता के नाम में जैन लिखा है और तुम्हारे में मोदी। मैं घर के पते के लिए बिजली बिल ले गया था उसमें महेंद्र कुमार जैन लिखा था (जो मेरे मंझले पापा है) यह सुनकर मैं एकदम निराश हो गया और मेरा चेहरा रोने जैसा हो गया। मैं और गौरव भैया बाहर आ गए और गौरव भैया ने मुझसे कहा अबे चंचल टेंशन मत ले अपन दूसरा रास्ता ढूंढ लेंगे। फिर मैंने बलजीत सर को कॉल करके सब बताया।उन्होंने कहा पापा की कोई और आईडी लगा दो जिसमें उनका नाम और घर का पता हो तो फिर मैंने पापा को कॉल करके

बताया सब सुनकर मेरे पापा को भी बुरा लगा और एक भारी आवाज में कहा चलो देखता हूं।

लेकिन किस्मत में थाईलैंड जाना लिखा ही था फिर कुछ देर बाद पापा का कॉल आया और मुझसे कहा कि घर में दो मीटर है एक दूसरे मीटर का बिल मेरे नाम पर आता है। पर समस्या यह है कि इसको भोपाल भेजू कैसे,फिर खुद बोले कि मैं देखता हूं कोई रास्ता।अब गौरव भैया को जबलपुर जाना था। उनकी कॉलेज की परीक्षा थी।वो शाम की ट्रेन से जबलपुर निकल गए, और मैंने पास में ही होटल में रूम ले लिया शाम को पापा का कॉल आया और कहा की विजय चाचा है उनके साथ में बिजली का बिल भेज रहा हूं तुम ठीक सुबह ट्रेन के टाइम पर स्टेशन जाकर उनसे ले लेना।और मैं अगले दिन सुबह रेडी हो गया स्टेशन पहुंच गया उनसे बिल लिया और सीधा पासपोर्ट ऑफिस पहुंच गया।

इस बार मेरा पहला नंबर आया था और साथ में बलजीत सर भी आ गए थे। जैसे ही मैंने अपनी फाइल दी कर्मचारी मुझे बहुत गौर से देख रहा था फिर इस बार उसने कहा तुम्हारे नाम में मोदी लिखा है और तुम्हारे पिता के नाम में जैन तो मैंने कहा सर मैं बचपन से ही मोदी लिखता हूं आप मेरे सारे डॉक्यूमेंट देख लीजिए सबमे में पिता का नाम सुरेंद्र मोदी लिखा है।बलजीत सर बोले कृपया कर स्वीकार कर लीजिए बच्चे को बाहर खेलने के लिए जाना है और आखिरकार वह मान गए और मेरी फाइल सबमिट हो गई।

मैंने अर्जेंट पासपोर्ट के लिए आवेदन दिया था जिसमें एक हफ्ते में पासपोर्ट बन के घर आ जाता है और 2500 रूपए लगते हैं सामान्य में 1500 रुपए लगते हैं और 2 से 3 महीने में पासपोर्ट आता है ।अब बलजीत सर ने मुझे अपने साथ पासपोर्ट ऑफिस के हेड के केबिन में ले गए वहां जाकर उन्होंने बताया कि वह इंडियन

इंडोर क्रिकेट टीम के सेक्रेटरी है और हमारी टीम को 11 फरवरी को थाईलैंड जाना है उसमें से एक लड़का यह है, यह जबलपुर का है और अर्जेंट पासपोर्ट के लिए आवेदन दे दिया है पर आपकी मदद चाहिए कृपया कर आप इसका पासपोर्ट आज ही बनवा दो जिससे हम समय पर जा सके और उस दिन 3 फरवरी थी फिर पासपोर्ट ऑफिस अधिकारी मान गए पर कहां शाम को 5:00 से 6:00 बजे पासपोर्ट मिलने के समय आ जाना।

मैं और बलजीत सर खुश होकर बाहर आ गए और उन्होंने कहा देख मोदी टाइम से शाम को आ जाना लेट मत करना मैंने कहा ठीक है सर और फिर मैं अपने होटल के रूम में आ गया लगभग 4:00 बजे थे मैं सो रहा था तभी बलजीत सर का कॉल आया मोदी तैयार हो गया मैंने कहा हां सर बस हो रहा हूँ। तो वह समझ गए कि मैं सो रहा हूं तो बोले बेटा समय से पहुंच जाना। मैंने कहा हां सर अब किस बात की टेंशन।

पासपोर्ट बनाने की कहानी में एक और मोड़ आया जब मैं शाम को गया 5:00 से 6:00 बज गए लेकिन मुझे मेरा पासपोर्ट नहीं मिला सर भी मेरे साथ थे फिर सर ने कहा वर्षिल का पासपोर्ट नहीं दिया आपने उधर से जवाब आया आज ही तो दिया है आपने।सर फिर अधिकारी के पास गए वहां से परमिशन मिली तो कर्मचारी ने कहा चलो मेरे साथ तुम भी अपनी फाइल ढूंढना और जैसे ही मैं अंदर गया मेरे सामने फाइल ही फाइल, मानो फाइलों का बना महल हो। कर्मचारी ने कहा आज की फाइल यहां रखी है यहाँ पर देखो लगभग 5 मिनट बाद मुझे ही मेरी फाइल मिली। एक घंटा बाद में पासपोर्ट मिला और कर्मचारियों ने कहा कि यह तो इतिहास में पहली बार हुआ है कि किसी का पासपोर्ट एक घंटे में बन कर रेडी हुआ हो और इस तरह मेरा पासपोर्ट बना और मुझे मिला।

मैं पासपोर्ट लेकर जबलपुर लौट आया और जाने की तैयारी शुरू कर दी मेरा पूरा परिवार बहुत खुश था सब मुझसे एक ही चीज कह रहे थे कि मेरे लिए भी कुछ लाना वहां से जाने से पहले मैं शहपुरा अपने घर आ गया अम्मा, पापा,मम्मी और घर के सभी लोगों के पैर छूकर आशीर्वाद लिया जब मैं वहां से जाने लगा तो पापा ने कहा "बब्बा" का आशीर्वाद तो ले लो तब मैंने उनकी फोटो पर अपना सर झुका दिया और यह देखकर मेरे पापा भावुक हो गए और उनकी आंखें नम हो गई। मैंने जाते हुए कहा कि मैं जा रहा हूं तो उन्होंने बस इतना कहा जा जाओ। मैं जबलपुर आ गया 9 फरवरी को मेरी ट्रेन थी कोलकाता के लिए 10 फरवरी को पूरी टीम कोलकाता पहुंच गई थी। रात को सोते समय मैं मोबाइल चार्ज पर लगा कर सो गया जिससे उसकी बैटरी खराब हो गई थी तब मैंने एक मोबाइल शॉप में जाकर मोबाइल दिखाया तो उसने मोबाइल को देख कर कहा यहीं रुको अभी आता हूं लगभग 10 मिनट बाद आया और कहा कि इसकी बैटरी कहीं नहीं मिलेगी मैंने दूसरी शॉप में मोबाइल दिखाया उसने भी देखा और मना कर दिया की कही नहीं बनेगा मोबाइल।

मैंने सर के मोबाइल से अपने पापा को कॉल करके सब बताया और कहा आप परेशान मत होना मैं खुद कॉल कर लूंगा फिर सर हम सब को गुरुद्वारा, बर्मा मार्केट, बिक्टोरिया मेमोरियल ले गए।अगले दिन 12 फरवरी को हमारी फ्लाइट थी सुबह जल्दी हम सब एयरपोर्ट निकल गए 11:00 बजे का समय था जैसे ही मैं पहुंचा मुझे एक अलग ही तरह का एहसास होने लगा क्योंकि ये सब मेरे लिए पहली बार था और पहली बार में खुशी उत्तेजना ज्यादा होती है।फ्लाइट ढाई घंटे में बैंकॉक(थाईलैंड की राजधानी) पहुच गयी यानि 1:30 बजे पर वहाँ का समय हमारे यहां से दो घंटे आगे चलता है तो वहां का समय था 3:30।

पहुंचने के बाद एयरपोर्ट पर हमारी पूरी चेकिंग हुई उसके बाद हमें वही पर वीजा दिया गया और हम सब बाहर जाने लगे।साथ ही मैं

अपने चारों ओर नजारा भी देखता जा रहा था फिर हम सीधे होटल के लिए निकल गए। मैंने कभी नहीं सोचा था कि मैं विदेश जाऊंगा पर मैं विदेश में था। तब जैसे टीवी पर पिक्चर में देखा था बिल्कुल वैसा ही था। बड़ी बड़ी बिल्डिंग, फ्लाई ओवर, ब्रिज एक अलग ही सुंदरता थी। होटल पहुंचने के बाद जब सब अपने अपने रूम में सेट हो गए फिर सर ने लगभग 7:00 बजे सबको अपने रूम में बुलाकर बताया कि कल सुबह 10:00 बजे से हमारे मैच है तो हम सब कल सुबह 9:00 बजे निकल जाएंगे और एक घंटे में पहुंच जाएंगे तो सभी मुझसे 8:30 पर रेडी मिलना जो नहीं मिला उसको छोड़ जाऊंगा।

रात को हमें समय से सोने में समस्या हो रही थी क्योंकि सबसे पहले थाईलैंड में होने का उत्साह था जिसके कारण नींद नहीं आ रही दूसरा दो घंटे का समय में फर्क ऊपर से सारे लड़के एक रूम में बैठकर आपस में बातचीत करते एक दूसरे के बारे में जान रहे थे। और जल्दी उठने की भी टेंशन थी फिर जैसे-जैसे सब सो गए और मुझे कल के मैच के बारे में सोचते सोचते 3:00 बज गए थे।

अगले दिन हम सब समय से ग्राउंड पहुंच गए और जैसे ही ग्राउंड को मैंने देखा मेरी आंखें खुली की खुली रह गई पूरे ग्राउंड में हरी घास थी और विकेट भी टर्फ था(घास से बना) और यह पहली बार था जब मैं टर्फ विकेट में मैच खेलता इससे पहले मैंने सारे मैच मेट (चटाई वाली विकेट) पर ही खेले थे तो यह एक अलग और पहला अनुभव होने वाला था मेरे लिए।

कुछ देर बाद सर हमारे पास आए और आकर उन्होंने बताया की टोटल 52 टीम ने भाग लिया है और हमारे पूल में 5 टीमें थी जिसमें इंडिया, पाकिस्तान, श्रीलंका, बांग्लादेश और जर्मनी थी। सारे मैच आज होंगे और टॉप की दो टीमें अगले राउंड में जायेगी। फिर उन्होंने हम सब को समझाना शुरू किया कि हम सब यहां अच्छा

खेलने और जितने आए हैं अच्छा जो खेलेगा वो आगे जाकर इंडियन टीम या रणजी टीम में भी खेल सकता है तो यह दिमाग में रखकर खेलना और सर्वश्रेष्ठ देना।

अब सब रेडी हो गये हमारा पहला मैच श्रीलंका से था हम बहुत ही बुरी तरह से हार गए थे। और बाकी के तीनों मैच भी हार गए। पर चारों मैच में मेरे सबसे ज्यादा रन और विकेट थे। बाकी बहुत सी टीम के कोच ने सर से आकर मेरी तारीफ की। सर भी मेरे से बहुत इंप्रेस थे मुझे आज भी याद है जर्मनी की टीम में एक भारतीय था मैच के बाद मैं उनसे बात करने गया था तो उसने सबसे पहले मेरा नाम पूछा फिर उन्होंने कहा कि तुम अच्छा खेलते हो अगर मेहनत करोगे तो आगे जरूर जाओगे।

हम सब मायूस होकर होटल वापस आ गए सब के चेहरे लटके थे कोई किसी से बात नहीं कर रहा था सर ने फिर कहा 7:30 पर सब रेडी मिलना खाना खाने चलेंगे। खाना खाकर हम सब अपने अपने रूम आ गए सब थके हारे थे तो सब जल्दी सो गए। अगले दिन सर हमें गुरुद्वारा ले गए और आना जाना हमने बोट पर किया जो वह बहुत ही बड़े नाले पर चलती थी यह नाला वहां पर बहुत ही प्रसिद्ध है लोग इसी के ऊपर लकड़ी के घर दुकान आदि बनाकर रहते हैं और सबसे खास बात उस नाले से बास भी नहीं आती है। और बाकी के 3 दिन हम वहां पर मॉल में शॉपिंग करते रहे।एक दिन हम वहां के इंदिरा मार्केट भी गए वहां पर बहुत ही सस्ते दाम पर हर एक वस्तु मिलती है इसी कारण से वहां पर इतनी भीड़ रहती है की कदम तक रखने की जगह नहीं होती अगर रोड में खड़े हो गए तो अपने आप आगे बढ़ते जाएंगे।

आखरी दिन रवि सहगल की तरफ से जिसने यह टूर्नमेंट कराया था एक क्लब में पार्टी थी। पार्टी में टूर्नमेंट जीतने वाली टीम को,

सबसे ज्यादा रन, विकेट वाली टीम और प्लेयर्स को ट्रॉफी दी गई और जीतने वाली टीम थी जर्मनी वह पिछले कुछ सालों से यह टूर्नामेंट जीतती आ रही थी।

अगले ही दिन हमारी वापसी थी। सुबह की फ्लाइट थी कोलकाता के लिए और रात को कोलकाता से ट्रेन भोपाल के लिए।रास्ते में सर ने मुझसे कहा था मोदी तू तो अच्छा खेलता है मेरे साथ चलेगा तू आगे भी, मैंने कहा बिल्कुल सर चलूंगा। फिर भोपाल से मैं जबलपुर आ गया और इस तरह मेरा थाईलैंड का सफर समाप्त हुआ।

घर आने के बाद मानो दुनिया पूरी बदल सी गई घरवाले अब मुझे भी थोड़ी इज्जत देने लगे थे।हम भाइयों में आपस में बहुत हंसी मजाक चलता था वो भी तारीफ करते थे मजाक नहीं बनाते। शहपुरा में तो पूरे गांव में पता चल गया था सब मेरे ही बारे में पूछते कि तुम ही हो ना जो खेलने गया था क्रिकेट। सभी मेरे से पूछते कि तुम ही हो ना मुन्ना भैया के लड़के (मेरे पापा का नाम)और कोई मेरे पापा से पूछता है तो वह भी खुश हो कर गर्व महसूस करते। और वहां से मैं घर के हर एक सदस्य के लिए कुछ ना कुछ खरीद कर लाया था इसलिए सब और खुश थे।

स्कूल में भी बहुत अच्छे से स्वागत हुआ स्कूल में सबके सामने एक घोषणा हुई फिर वहां से टीचर और अन्य स्टूडेंट ने मुझे बधाई दी इस तरह मैं थोड़ा सा ही सही लेकिन प्रसिद्ध हो गया बाद में मैं संतोष सर और रोनाल्ड सर के पास गया और उनके लिए मैं स्पेशल पेन ले कर आया था। वह उनको देखकर मैंने उनका धन्यवाद किया। कोचिंग में भी सब मेरा बहुत मजाक उड़ाते थे उन सबने भी मेरा मजाक उड़ाना बंद कर दिया।

अब मैं 10th क्लास में आ गया था 10th में बोर्ड परीक्षा थी तो सबने कहा ये साल अच्छे से निकाल लो अच्छे से पढ़ लो फिर खेलते

रहना। सबकी बातें सुनकर मैंने भी थोड़ा गंभीर हो कर पढ़ना शुरू कर दिया।अप्रैल का महीना था स्कूल शुरू हुए कुछ दिन ही हुए थे कि बलजीत सर का कॉल आया और कहा वर्षिल मैं बेंगलोर जा रहा हूं चलोगे मेरे साथ मैंने कहा पापा से पूछ कर बताता हूं । मैंने पापा से बात की उन्होंने कहा हाँ । अगले ही हफ्ते भोपाल से पूरी टीम बेंगलौर के लिए निकल गई और यहां मेरी मुलाकात हुई प्रतीक जैन से फिर हमारी बातचीत हुई उसने बताया कि वह तो खुरई से है मेरी मम्मी भी खुरई की है तो मैंने उसे नाना जी का नाम बताया और मामा की शॉप का नाम बताया तो वह तुरंत समझ गया ।फिर पूरे रास्ते और भी बातें हुए जिससे हमारी सामान्य दोस्ती हो गई।

यह एक 20 ओवर टूर्नमेंट था जिसमें बेंगलौर की एक वाई. एम.सी.ए. (यंग मेंस क्रिस्चियन एसोसिएशन)ने कराया था यहां भी बहुत सारी टीमों ने भाग लिया था। रात को हम बेंगलौर पहुंचे और अगले ही दिन हमारा मैच था । हम ग्राउंड पहुंचे गए टोटल 4 मैच थे एक दिन में दो तो पहले मैच के लिए सर ने पूछा ओपनर कौन-कौन है तो सिर्फ दो लड़के ने अपना हाथ खड़ा किया मैंने और एक दूसरे लड़के ने। टॉस जीतकर हमने पहले बैटिंग कि मेरे पार्टनर को नई बॉल से खेलने में दिक्कत हो रही थी और जल्द ही वह आउट हो गया हम पहला मैच जीत गए पर अगले मैच के लिए मेरे साथ कोई भी ओपनिंग करने रेडी नहीं था प्रतीक ने बोला मैं करूंगा सर, जबकी प्रतीक एक तेज गेंदबाज था । तो सर ने कहा ठीक है राइट हैंड - लेफ्ट हैंड का तालमेल भी हो जाएगा मैं राईटी प्रतीक लेफ्टी।

इस बार भी पूरी टीम में मैंने सबसे ज्यादा रन बनाए और और प्रतीक के बाद मेरे सबसे ज्यादा विकेट भी थे । उसके बाद भी हम चार मैचों में से दो मैच जीत पाए और अगले राउंड में क्वालीफाई नहीं कर पाए इस बार बलजीत सर बहुत गुस्से में थे उन्होंने कुछ लड़कों

को बहुत चिल्लाया भी । बाकी के दो दिन हम बंगलौर के माल में ही घूमते रहे और वापस लौट कर आ गए।

अंकित जो मेरा क्लासमेट था बहुत अच्छा क्रिकेट भी खेलता था उसने जबलपुर में क्लब जॉइन किया था उसने एक बार कहा था कि कोई ऐसे पांच टूर्नामेंट खेल लेता है तो वह सीधा रणजी टीम में सेलेक्ट हो जाता है यह सुनकर मेरे मन में बात बैठ गई थी दो हो गए हैं तीन और बाकी है क्योंकि इस फील्ड की जानकारी मेरे किसी घर वालों के पास, रिश्तेदारों में किसी के पास नहीं थी और बचपन से ही मेरा नेचर रहा है कि ना ज्यादा किसी से आगे आगे होकर बात करता बस अपने काम से मतलब रखता तो मैंने भी किसी से क्रिकेट में आगे बढ़ने की सलाह नहीं ली।

अब मैं अपने दोस्तों के साथ लग गया था जबलपुर शहर की हवा मुझे भी लग रही थी मेरा भाई कॉलेज की स्टडी करने इंदौर गया था तो उसकी बाइक मेरी हो गई थी अब मैं आजाद परिंदे की तरह हो गया था सुबह स्कूल, स्कूल से आते ही खाना खाकर अपने दोस्तों के साथ निकल जाना फिर वहीं से कोचिंग चले जाना फिर सीधे रात को घर वापस आना । जो कोचिंग स्कूल में पढ़ लिया वहीं पढ़ाई थी मेरे लिए । मेरे कुछ दोस्त तो सिगरेट और दारु भी पीते थे अगर मैं एक साल और उनके साथ रहता तो शायद मैं भी यह सब करना शुरू कर देता।

वैसे ही मैं पाउच वाला गुटका खाना सीख गया था बस घर वालों के सामने नहीं खाता था। एक टाइम ऐसा आया कि हम सब दोस्तों ने स्कूल ही जाना छोड़ दिया था बस पूरा टाइम घूमते या एक दो अड्डे थे हमारे बस वही रह कर टाइम पास करते । 10वीं बोर्ड में 75 परसेंट उपस्थिति होना कंपलसरी का था हम सबकी 75 परसेंट से कम थी सब को स्कूल से नोटिस दिया गया हम सब को कोई फर्क नहीं पड़ा

क्योंकि हम जानते थे उपस्थिति कितनी भी हो एग्जाम देने हम को मिलेगा ही।

मेरे घर के सामने एक चाइनीस डोसा का ठेला लगता था जिसे अमित नाम का लड़का लगाता था हमारी अच्छी दोस्ती थी हम डेली रात में समोसा खाने जाते थे। तब मेरे बड़े पापा को शक होने लगा और उन्होंने शहपुरा में मेरी मम्मी से बोल दिया ये सुनकर मेरे पापा अगले ही दिन जबलपुर आ गए कहने लगे रात को रेडी रहना घर चलना है पूरा सामान रेडी रखना मैं समझ गया कोई ना कोई बात जरूर है। तो मैंने तुरंत मम्मी को कॉल किया पूछा कि क्या बात है पापा इतने गुस्से में क्यों है तो उन्होंने सब बताया। अब पापा घर आए और बोलो चलो, मैंने मना कर दिया तो बोले चल रहे हो कि नहीं अगर नहीं गए तो दोबारा मत आना शहपुरा मैंने फिर भी मना कर दिया और वह गुस्सा में चले गए।

जैसे तैसे करके मेरे 10th निकाल ली मैंने पूरी कोशिश थी कि मेरे 60 प्रतिशत तो आए, एग्जाम देने के बाद में शहपुरा आ गया आकर पापा से बात की उन्होंने सिर्फ एक ही चीज पूछी मुझसे के आगे क्या करना है अपना भविष्य कहा बनाना है और उनसे मैंने तुरंत कहा क्रिकेट में ही । फिर उन्होंने बलजीत सर को कॉल किया और उनको बताया की वर्षिल को इसी में अपना कैरियर बनाना है उन्होंने कहा एमपी में इतना अच्छा क्रिकेट नहीं है जितना मुंबई, दिल्ली या साउथ में है और कहा मैं कुछ दिनों में बेंगलौर जा रहा हूं अगर आप चाहो तो मेरे साथ उसे भेज सकते हैं हम दोनों जाकर पता कर आएंगे। तो मेरे पापा रेडी हो गए और मैं फिर से सर के साथ बेंगलौर चला गया।

बेंगलौर में फिर से वाई.एम.सी.ए. का टूर्नामेंट था और पहली बार मेरा वास्तविक क्रिकेट से सामना हुआ। मुझे पहली बार खेलने में परेशानी हो रही थी क्योंकि सामने सारे प्रोफेशनल क्रिकेटर थे।

इनको खेल कर मुझे एहसास हुआ कि मैं सिर्फ बेट घुमाना जानता हूं यह लोग मुझसे बहुत आगे हैं। मैंने वहीं पर मैच के एक एंपायर जिनका नाम रवि था उनसे ब्रेक के दौरान पूछा मेरी बैटिंग कैसी है? आपको क्या लगता है क्योंकि मुझे अपना कैरियर इसी में बनाना है तो वह बोलने में थोड़ा हिचकिचा रहे थे तो मैं अपने आप ही समझ गया कि मेरी कोई खास बैटिंग नहीं है।

फिर अगले मैच में मैं थोड़ा संभल कर खेला अच्छी तरह खेलने की कोशिश की फिर जाकर उनसे पूछा कैसा है तब उन्होंने बोला कि तुमको अपनी टेक्निक में काम करना होगा अभी तुम बहुत पीछे हो और यह सुनकर मैं उदास हो गया क्योंकि पहली बार मुझे प्रेशर महसूस हो रहा था खेल और कंपटीशन का ।मैं मन ही मन कहने लगा कि क्या होगा मेरा कैसे खेलूंगा मैं आगे। फिर अगले दिन मुझे सर जैन यूनिवर्सिटी लें गये क्योंकि उन्होंने जिस से भी पता लगाया खेलने पढ़ने के लिए कौन सी जगह सही होगी तो सबने जैन यूनिवर्सिटी का नाम बताया। वहां जाकर बात हुई तो कहा आपके रिजल्ट पर निर्भर करता है और अगर आपके प्रतिशत अच्छे आए तो आपका एडमिशन हो जाएगा।

फिर मैं घर आया पापा को सब बताया उन्होंने कहा ठीक है देख लेते हैं। पर वहां की फीस बहुत ज्यादा थी।उन्होंने कहा मैं कैसे भी मैनेज कर लूंगा तुम टेंशन ना लो। और बस इसके बाद से मैं हर दिन रिजल्ट का इंतजार करने लगा मई के अंत में रिजल्ट आ ही गया मेरे 62% बने थे मैंने अपना रिजल्ट जैन यूनिवर्सिटी मेल के जरिए भेजा फिर मैंने कॉल किया तो उन्होंने मना कर दिया कि यह बहुत ही कम प्रतिशत है।फिर पापा ने सर से बात की उन्होंने समझाया कि वर्षिल को इंदौर भेज दो एमपी का क्रिकेट बोर्ड इंदौर में ही है वहीं पर अच्छा क्रिकेट होता है पूरे एमपी में, फिर मेरा इंदौर जाना डिसाइड हो गया।

जून के आखिरी हफ्ते में मैं इंदौर चला गया सबसे पहले वहां जाकर स्कूल में एडमिशन लेना था वहाँ पता चला एमराल्ड हाइट्स सबसे अच्छा है पढ़ने के लिए सारे स्पोर्ट्स के लिए सबसे पहले मैं वहां गया और अपने सारे सर्टिफिकेट दिखाए पर प्रिंसिपल सर ने मना कर दिया यहां तक के सर्टिफिकेट को देखा तक नहीं। मुझे बहुत बुरा लगा कि एक बार देख तो लेते कि मैंने कहा कहां खेला है। मेरे साथ गौरव भैया थे उन्होंने मुझसे कहा चंचल देख लो यह इज्ज़त है तुम्हारी सर्टिफिकेट की सर ने देखा तक नहीं। फिर हम दोनों विद्यासागर गए मुझे स्कूल की बिल्डिंग भी बहुत अच्छी लगी थी और वहां की फीस भी कम थी पर एक समस्या आ रही थी मुझे सब्जेक्ट चुनना था तो मैंने कॉमर्स लिया और इसके साथ शारीरिक शिक्षा का सब्जेक्ट लेना था पर वहां कॉमर्स पी.ई. (शारीरिक शिक्षा) का कोटा पूरा हो गया था तो सर ने कहा अगर आपको एडमिशन लेना है तो कॉमर्स के साथ हिंदी ले वरना आप जा सकते हैं।मजबूरी में मुझे एडमिशन लेना पड़ा क्योंकि मैं और भैया और परेशान नहीं होना चाहते थे फिर सर ने कहा 1 जुलाई से स्कूल चालू हो जाएंगे आप आ जाना।

*** ***

# "एक साल हॉस्टल के"

अब मैं घर से पूरा सामान लेकर इंदौर आ गया मेरा भाई अपने दोस्तों के साथ रूम किराए से लेकर रहता था और गौरव भैया भी अपने दोस्त नीरज भैया के साथ अलग रहते थे। तो बिट्टू भैया ने कहा अभी कोई रूम मिल नहीं रहा है और 3 महीने बारिश में क्रिकेट क्लब भी बंद रहते हैं तो तुम 3 महीने के लिए हॉस्टल में रह लो जैसे ही क्लब चालू होंगे मैं तुम्हें बाहर निकाल लूंगा। यह सुनकर मैं भी रेडी हो गया और हॉस्टल में रहने चला गया।

मुझे एक नंबर रूम मिला जिसमें मैं गौरव, यशवंत और विवेक थे और रूम हॉस्टल के वार्डन दिनेश मेहता सर के ऑफिस के ठीक सामने था सारे रूम में गिलास की खिड़की थी जिनसे रूम के आरपार साफ दिखता था पहले दिन तो ज्यादा किसी से बातचीत हुई नहीं लेकिन अगले ही दिन से दोस्त बनाना स्टार्ट हो गये जैसे ही पता चला सबको कि कोई क्रिकेटर आया है जो इंडिया के लिए थाईलैंड खेल कर आया है तो कुछ लड़के मेरे रूम आकर खुद मुझसे मिलने लगे तभी राज जैन और यश भैया आए दोनों 12th क्लास में थे उन्होंने भी मुझसे पूछा तो मैंने उनको भी बताया। फिर बाद में राज ने मुझसे कहा ठीक है कितना आता है कल दिख जाएगा ग्राउंड में। फिर राज ने पूछा कहां के रहने वाले हो, मैंने कहा जबलपुर का, राज ने कहा जैन हो क्या, मैंने कहा हाँ, तो राज के चेहरे पर मुस्कान आ गई तब से ही हमारी दोस्ती हो गई अगले ही दिन स्कूल के बाद शाम को हम टेनिस बॉल से क्रिकेट खेलने गए एक टीम में मुझे भी ले लिया

था पर बैटिंग 2 विकेट गिरने के बाद आई और जाते ही मैंने अपने शॉट खेलना शुरू कर दिया और लास्ट तक खेलता रहा जिससे सब समझ गए कि मैं क्या हूँ ।दिन ब दिन में अपनी बैटिंग के जलवे दिखा रहा था साथ ही सब मेरी बोलिंग और फ़ील्डिंग के फेन होते जा रहे थे।हाल ये हो गया था की मुझे अपनी टीम में रखने के लिए बहस होने लगती थी।

हमारे हॉस्टल के वार्डन मेंहता सर को भी क्रिकेट की बहुत धुन सवार थी वह डेली हमारे साथ मैच खेलने के लिए आते थे।जैसे ही उनको मेरे बारे में पता चला वह अगले ही दिन शाम को हमारे साथ मैच खेलने आ गए और मुझे अपोजिट टीम में दे दिया और कहा पहले मेरी टीम बालिंग करेगी वर्षिल तू रेडी हो जा, मैं बैटिंग के लिए आया और सर बोलिंग करने लगे। एक दो बॉल को मैंने संभल कर खेला फिर मैंने मारना चालू कर दिया खास तौर पर सर को छक्के मारने लगा। सर को गुस्सा आने लगा क्योंकि सर सच में बहुत अच्छी बॉलिंग करते थे हर कोई सर को नहीं मार पाता था अगले मैच में मैं और सर फिर से अपने आमने थे मैंने सर को 2 छक्के लगाए और आउट हो गया उन्होंने चिल्लाकर अपना पूरा गुस्सा निकाला और फिर मुझसे कहा बहुत छक्के मारता है तू पर हर बार मुझे थोड़ी ना मार पाएगा।

अब हॉस्टल में सब मेरे दोस्त बन गए थे और सर भी मेरी बैटिंग के फेन थे चाहे वह सीनियर हो या जूनियर यहां तक के स्कूल के बाकी स्पोर्ट्स टीचर भी मुझे अच्छे से जानने लगे थे। लेकिन मेहता सर की बात अलग थी उनको हारना पसंद नहीं था और रनआउट तो वह आज तक नहीं हुए आधी पिच से ही कह देते थे कि मैं पहुंच गया हूं अगर कोई कहता सर आउट है तो वो कहते ठीक है आज के बाद यहां कोई क्रिकेट नहीं खेलेगा तो हमको मजबूरन सर की बात माननी पड़ती और इसी बात का फायदा उठाते हुए सर बहुत चीटिंग करते।

अगस्त से कोचिंग क्लास चालू हो गई थी तो हमारा शाम को खेलना बंद हो गया बस हर रविवार दूसरा और चौथा शनिवार स्कूल की छुट्टी होने के कारण और राष्ट्रीय छुट्टी पर हम पूरे दिन खेलते। मेहता सर को ना तो हार पसंद थी ना मार क्योंकि हम अब शर्त लगाकर मैच खेलते पूरे दिन में सबसे ज्यादा हारने वाली टीम के प्लेयर को पैसे मिलाकर सबके लिए कोल्ड ड्रिंक और बेक समोसा मंगाना होता। इससे बचने के लिए मेहता सर मुझे हमेशा अपनी टीम में लेते इससे ना कोई उन्हें मारने वाला बचता, जीतने की उम्मीद भी बढ़ गई और पैसे भी बच जाते।अब ज्यादातर मैच हम ही जीतते अगर कोई मैच फसे तो सर चीटिंग करते ।बस वही मैच हारते जिसमें हार निश्चित हो और ऐसा तो महीने में एक बार होता बाकी तो हमारी टीम मजे करती। हॉस्टल आने के बाद सब मुझसे कहते मोदी यार तू बता मेहता ने गलत किया ना और सर को गाली देते पर हमारी टीम हसती और उनके मजा लेती।

कुछ समय के लिए तो यह सब चलता रहा और हॉस्टल के अंदर मेरी मस्ती बढ़ती जा रही थी क्योंकि मेरी दोस्ती यश भैया से थी वह हॉस्टल के सबसे पुराने स्टूडेंट थे उनको हॉस्टल के सारे बच्चे यहां तक कि सारे टीचर्स तक सम्मान करते थे और उनमें वह खूबी आज भी है कि सब उनका सम्मान करें। तो मैं, राज और यश भैया पूरे टाइम एक साथ रहते बस सोने के समय और स्कूल में अलग होते बाद में पूरे टाइम साथ ही में रहते। यहां तक कि किसी को हम तीनों में से किसी एक को ढूढना हो तो सब यही कहते हैं तीनों में से एक का पता कार्लो तीनों वही होंगे। और हम तीनों पूरे टाइम मस्ती करते बातें करते।

पर कहते हैं ना सब कुछ एक जैसा नहीं चलता है उतार चढ़ाव आते रहते हैं। वैसा ही कुछ मेरे साथ हुआ सबको मेरी राज और यश भैया की दोस्ती रास नहीं आ रही थी कुछ लोगों को मेरे खेल से, सबसे

मेरी बनी थी तो जलन होने लगी थी । एक दिन यह हुआ कि कुछ लड़के हॉस्टल में बीयर ले आए और चोरी छुपे रूम में लाकर रख ही रहे थे तभी मैं वहां पहुंच गया और मैंने बीयर की बोतल छुपाते हुए देख लिया। अगले दिन ब्रेक के समय पर हम सब अपने क्लास के बाहर खड़े थे तभी क्रिकेट के कोच कपिल सर आते हैं और उसी लड़के से कहते हैं जिसने बियर पी थी," की रात में बीयर पी तो थी और कितना पानी पिएगा" क्योंकि वह उस समय पानी पी रहा था सब लड़के डर गए क्योंकि कुछ तो पहले से ही हॉस्टल से अपनी हरकतों के कारण निलंबित हो चुके थे उन्हें डर था अगर इस बार पकड़े गए तो सीधा स्कूल से निकाले जाएंगे।

स्कूल समाप्त होने के तुरंत बाद रूम आते ही उन्होंने मुझे एक रूम में बुलाया और एक कुर्सी में बैठाया और चारों ओर खड़े हो गए और कहा वर्षिल सच सच बता दे तूने ही कपिल सर को बताया है ना हम बीयर लेकर आए क्योंकि मेरी और कपिल सर की बहुत बनती थी उनको भी मेरा गेम बहुत पसंद था मैंने तुरंत मना कर दिया यह कहकर कि मैं तो आज उनसे मिला ही नहीं। राज और यश भैया दोनों वही थे राज ने कहा मोदी खाओ मां की कसम, मैंने मां कसम भी खा ली तो राज बोला यार अब मां कसम भी खा ली झूठ नहीं बोल रहा है। पर किसी ने मेरा यकीन नहीं किया मैंने यश भैया की तरफ देखा तो वह चुप थे फिर किसी ने कहा चलो स्कूल चल कर सर से ही पूछते है। हम गए सर के पास पता करने सर ने बैट की कसम खाकर कहा कि मुझे मोदी ने नहीं बताया किसी और ने बताया है,यह तक बताया की हॉस्टल में खबरी है।

फिर हम वापस रूम में आए सब ने पूछा क्या हुआ सब को बताया तो किसी को अब भी यकीन नहीं हो रहा था पर एक लड़के ने मुझसे कहा अब भी समय है बोल दे वह मुझसे हमेशा चिढ़ता था कभी भी सही से बात नहीं करता था तो मुझे गुस्सा आ गया और कहा

नहीं तो क्या कर लोगे इतना कहते ही सब मेरे से लड़ने को तैयार हो गए तभी यश भैया ने सब को रोका।

सब को शांत कराया और यह तय हुआ कि अब से मैं किसी भी 12TH क्लास के लड़के के साथ नहीं रहूंगा। मैं अपने रूम में आकर रोते हुए सो गया। शाम को खाने भी नहीं गया तो राज मेरे पास आया और कहा मोदी भाई मैं हूं ना तुम्हारे साथ टेंशन नहीं लेना।पर कुछ दिन तक मैं अकेला ही रहता किसी से बात नहीं करता खाने भी अकेले जाता।

अब हॉस्टल में मेरा मन नहीं लग रहा था 3 महीने पूरे होने वाले थे मैं हर समय सोचता कि कब मैं बाहर जाकर क्लब ज्वाइन करूंगा ।जैसे 3 महीने पूरे हुए मुझे बिट्टू भैया लेने आ गए तो प्रिंसिपल सर ने मना कर दिया यह कह कर कि जाना है तो टी.सी. भी लेते जाओ। अब मैं हॉस्टल में ही फंस गया और मुझे अपने भाई पर बहुत गुस्सा आया कि सिर्फ उसके कारण मेरा एक साल बर्बाद हो गया ।प्रिंसिपल पर भी गुस्सा आया कि मेरे बाहर जाने से स्कूल या हॉस्टल को कोई फर्क नहीं पड़ता लेकिन मेरे बाहर ना जाने से मेरा पूरा एक साल बर्बाद हो गया और मैं दूसरों से एक साल पीछे हो गया ।यह बात मुझे पूरे साल परेशान करती रही।

फिर से सब नॉर्मल होते जा रहे थे पहले जैसी दोस्ती होती जा रही थी साथ ही क्रिकेट का जुनून भी बढ़ता जा रहा था क्योंकि राम गौरव यशवंत पीयूष रवि राज और मेहता सर सभी बहुत ही अच्छा क्रिकेट खेलते थे। एक कांटे की टक्कर चलती थी हमारे बीच में इसलिए खेलने में और भी मजा आता था यहां तक कि मेहता सर को भी इतना नशा था कि वह हमसे कहते कि मैच सुबह 6:30 को चालू हो जाना चाहिए तो वह खुद सुबह 6:30 बजे ग्राउंड आ जाते और हम सो कर उठ तक नहीं पाते। हम मैच शाम तक जब तक अँधेरा नहीं हो

जाता तब तक खेलते फिर वही ग्राउंड में बैठकर पूरे दिन के मैच के बारे में चर्चा करते या कोई मैच के दौरान गलती करता है तो उसकी नकल करके चिढ़ाते ।कभी-कभी जो हमारे स्कूल के ओनर स्वर्गीय श्री रामेश्वर पटेल उनके पोते सागर विनोद चेतन भी संडे को स्कूल आकर खेलते।

इंदौर में हर साल इंटर स्कूल स्पोर्ट्स टूर्नामेंट "सहोदया" होता था जो इस बार विद्यासागर में हो रहा था मेरा और राम का क्रिकेट टीम में सिलेक्शन हो गया था ।अब हमारी टीम का मैच आया और मैच से ठीक पहले कपिल सर मेरे पास आए और कहा देख मोदी बढ़िया खेलना है एम वाय सी ए क्लब के कोच आए हैं मैंने उनसे तेरी बात की है बाहर जाकर तुझे उनके क्लब में एंट्री मिल जाएगी यह सुनते ही मुझे कुछ हुआ मैं चुप हो गया और सोचने लगा अच्छा खेलना ही है।

मैं और रवि ओपनर थे जैसे ही मेरी बैटिंग आई मुझे कुछ समझ नहीं आ रहा था बॉल अच्छे से दिखना बंद हो गई ग्राउंड के चारों ओर स्कूल के बच्चों की नजर मेरे ऊपर थी एक अलग ही प्रेशर आ गया था मुझ से एक भी बॉल टच तक नहीं हो रही थी और ऐसा 5-6 ओवर तक चलता रहा मेरे दिमाग में बस यही चल रहा था इस समय एम वाय सी ए के कोच मेरे बारे में क्या सोच रहे होंगे। फिर विकेट गिरा रवि आउट हुआ तो बाहर से संदेश आया कि मोदी मार या आउट हो जा तो मैं मारने के चक्कर में आउट हो गया।

अगले मैच में कपिल सर स्कूल की लड़कियों को लेकर आए और मेरी बैटिंग के दौरान उन लड़कियों ने मेरा नाम लेकर मुझे चीयर किया पर इस मैच में मैंने एक-दो शॉट अच्छे खेले फिर कुछ ही रन बनाकर आउट हो गया। और अगले दो मैचों में भी मेरा यही हाल हुआ। लेकिन हमारी टीम लगातार जीत रही थी और हम सेमीफाइनल में पहुंच गए थे।फिर मुझे मंदार सर ने समझाया जो पी.ई. सब्जेक्ट

पढ़ाते थे की मोदी सब भूल जा जाकर बढ़िया शावर लेना कुछ देर शावर के नीचे बैठे रहना यह एक बहुत ही बढ़िया तरीका है सब कुछ भूलने का मैंने हॉस्टल आकर ऐसा ही किया और अगले मैच के लिए खुद को रेडी किया।

अगला मैच सेमीफाइनल था जो आई पी एस स्कूल से था(इंदौर के सबसे फेमस स्कूल में से एक) और टीम का कैप्टन पार्थ कासलीवाल था जो बहुत अच्छा क्रिकेटर और इंदौर में फेमस था। इस मैच में मैंने 32 रन बनाए और एक अच्छा टारगेट हमारी टीम ने दिया लेकिन पार्थ कासलीवाल जिसके लिए फेमस था उसने आते ही वह कर दिखाया और कुछ बेहतरीन शॉट खेले पर थोड़ी देर बाद आउट हो गया और फिर टीम भी ऑल आउट हो गई और हम फाइनल पहुंच गए।

दूसरी टीम जो फाइनल पहुंची थी एमराल्ड स्कूल। एमराल्ड में एक से एक प्लेयर थे। एमराल्ड लगभग इंदौर के सारे खेलो के सारे टूर्नामेंट जीतती थी तो फाइनल में होने की खुशी भी थी तो सामने एमराल्ड के होने का प्रेशर भी । सब खुशी मना रहे थे फाइनल में होने की और मेरे फॉर्म में वापस आने की। मैच के दिन पूरा ग्राउंड भरा हुआ था सारे टीचर, स्टूडेंट यहाँ तक के अन्य स्टाफ तक मौजूद थे टॉस जीतकर हमने पहले बैटिंग की अंदर जाने से पहले कपिल सर ने मुझसे कहा मोदी फोड़ देना लेकिन अंदर जाते ही इसका उल्टा हुआ मैंने बिल्कुल धीमी शुरुआत की पूरे मैच में 1 और 2 रन लेता रहा ऐसा करके मैंने सिर्फ 17 रन बनाए 23 बॉल में और हमारी टीम ने एक अच्छा टारगेट फिर से सेट किया यह 17 रन की पारी को लेकर मेरे दोस्त आज भी चिढ़ाते हैं।

अब एमराल्ड की बैटिंग आई उनके ओपनर्स ने अच्छी शुरुआत की पर हमारी बॉलिंग भी अच्छी हो रही थी, एक तरफ रन बन रहे थे तो लगातार उनके विकेट भी गिर रहे थे, मैच बिल्कुल रोमांचक था

कौन जीतेगा यह कहना मुश्किल था आखिरी ओवर में 7 रन चाहिए थे और लास्ट बॉल में 2 रन पर आखिरी बॉल पर एमराल्ड का बैट्समैन रन आउट हो गया इस तरह मैच टाई हो गया दोनों टीमें संयुक्त विजेता रही टूर्नामेंट की।

टूर्नामेंट के बाद मेरे लिए स्कूल और हॉस्टल में रहना बहुत मुश्किल था क्योंकि मेरे स्कूल में बहुत ज्यादा बन गई थी सब मुझे जानते थे कि मैं बहुत ही अच्छा क्रिकेट खेलता हूं पर पूरे स्कूल के सामने मेरी धुल गई थी। जितनी इज्जत पहले सब देते तो उतनी सबने देना बंद कर दिया था। और हॉस्टल में भी सब मुझे बीच बीच में ताने मारते थे मजाक उड़ाते पर मेरे पास चुप रहना सहन करने के अलावा और कोई उपाय नहीं था।

फिर अगले महीने हमारे स्कूल का इंटर हाउस स्पोर्ट्स टूर्नामेंट हुआ जिसमें टोटल चार हाउस है थे गांधी, टैगोर, साराभाई और विवेकानंद मैं और राम विवेकानंद में थे राज और आरुष गाँधी में आरुष स्कूल क्रिकेट टीम में स्कूल का सबसे तेज बॉलर था ।साराभाई में पीयूष था जो बहुत ही लंबे छक्के मारता था, टैगोर में कोई इतना खास नहीं था तो हॉस्टल में पहले ही चर्चा शुरू हो गई थी कि फाइनल तो विवेकानंद और गांधी के बीच में ही होगा लेकिन पता चला कि पहला मैच ही गाँधी और विवेकानंद का था तो हॉस्टल में सब बोलने लगे कौन जीतेगा। राम बहुत बोलने लगा कि हमारे पास मोदी है हम जीतेंगे तो राज ने कहा देख लेंगे मोदी हो या कोई हो। अब मैंने भी मन में सोचा कि कल मैच में ही बताऊंगा राज को तो।

मैच शुरू हुआ हमने टॉस जीतकर पहले बैटिंग की सामने था आरुष मुझे पता था कि आरुष पहली बॉल बाउंसर मारेगा उसने मारी भी तो मैं रेडी था। मैंने पुल शॉट खेला बॉल सीधे कमेंट्री बॉक्स के अंदर गयी कॉमेंटेटर की आवाज आई की पहली ही बॉल पर

छक्का लगा है वर्षिल मोदी पूरे मूड से आए हैं हुआ भी वैसा ही मैंने आरुष की हर बॉल पर शॉट मारना चालु कर दिया। अगला ओवर राज डालने आया एक अलग ही अंदाज़ में पर मैंने उसके भी सारे भूत उतार दिए और उसको पहली 3 गेंदों में 3 छक्के मारे बाकी की गेंदों में दो चौके टोटल 20 रन एक ही ओवर में राज का चेहरा उतर गया और उधर सब मुझे चीयर कर रहे थे यह हाल मैंने राज और आरुष का ही नहीं गांधी हाउस के सारे बॉलर का किया। मैंने मैच में 22 बॉल में 68 रन बनाये जिसमें 8 छक्के थे और हमारी टीम ने 10 ओवर में 126 रन बनाए जो गाँधी हाउस के लिए पहाड़ था जिसे वो चढ़ नहीं पाए।

इधर साराभाई टैगोर से जीत गई थी। तो फाइनल विवेकानंद और साराभाई के बीच में था अगले दिन हॉस्टल में राम ने गाँधी वाले को चिढ़ाना शुरू कर दिया खासतोर पर राज को कहने लगा कि फाइनल तो विवेकानंद ही जीतेगी अगले दिन टॉस जीतकर हम ने पहले बैटिंग की। मैंने फिर से पहली बॉल से आक्रमक रुख अपना लिया पर दूसरी छोर से विकेट लगातार गिरते जा रहे थे और जब तक मैं बैटिंग कर रहा था पीयूष बॉलिंग करने नहीं आया मेहता सर एम्पायरइंग कर रहे थे उन्होंने मुझे गलत आउट दे दिया मैं उनके पास गया तो बोले "कितना मारेगा दूसरों को भी खेलने दे"। मैं 48 रन बनाकर आउट हुआ और टीम ने 98 रन का टारगेट दिया।

साराभाई की बैटिंग आई उनके भी जल्दी विकेट गिर गए।दो विकेट के बाद पीयूष आया बैटिंग के लिए और मैच को पलटना शुरू कर दिया एक छोर में साराभाई के विकेट गिर रहे थे तो उधर पीयूष लगातार शॉट खेलकर रन बनाए जा रहा था आखरी ओवर 15 रन चाहिए थे उसने दो सिक्स और आखिरी बॉल पर चौका मारकर मैच जीता दिया।

मेरी खोयी इज्जत वापस आ गई थी पर राम का हॉस्टल में बुरा हाल था क्योंकि सबसे ज्यादा बातें राम ही कर रहा था सब उसको बहुत चिढ़ा रहे थे।अब सब ठीक-ठाक चल रहा था पर मेरा मन फिर भी नहीं लग रहा था मुझे बस बाहर जाना था क्लब ज्वाइन करना था ।पढ़ाई में जो स्कूल में पढ़ लिया वही काफी था मेरे लिए। अगर हॉस्टल का टाइम काटना है तो बस मस्ती करो या क्रिकेट खेलो और मैंने किया भी यही क्योंकि रात में सोते समय बस हॉस्टल से बाहर जाना याद आता था।

क्रिकेट तो पूरे दोस्तों का जुनून था इसलिए हम शुक्रवार और शनिवार की रात को 4:00 बजे तक हॉस्टल के रूम में क्रिकेट खेलते थे और एक लड़के को रूम के बाहर रखते थे जिसमें अगर कोई सर आ जाएं तो हमें पहले ही पता चल जाए मगर सर लोगों के खबरी उनको सब बता देते थे तो हम बार-बार रूम और जगह बदलते पर बार-बार पकड़े जाते थे। एक बार तो हम हॉस्टल के शावर रूम में खेल रहे थे जो बहुत ही बड़ा है तो दो दिन बाद रात को 2:00 बजे सर के पास कॉल आया पीछे की डेरी से कि 2:00 बजे रात को बच्चे शावर रूम में क्या कर रहे हैं तो सर ने कहा पढ़ रहे होंगे उन्होंने कहा अगर पढ़ रहे हैं तो इतनी उछल कूद क्यों हो रही है फिर मिश्रा सर आये उन्होंने सबसे पहले मेरे रूम जाकर देखा मैं नहीं था तो वह समझ गए कि कौन-कौन खेल रहा होगा।

अगले दिन मिश्रा सर हम सबको मेहता सर के पास ले गए मैं लास्ट में खड़ा था सर ने एक-एक करके सब को मारा जब मेरी बारी आई तो सर कहते हैं मैं तुझ से परेशान हूं तू नई नई जगह ढूंढता रहता है। पढ़ने का बोल नहीं सकता बिना पढ़े क्लास में रैंक लाता है और मुझे बिना मारे छोड़ दिया। इस बात को लेकर मेरे दोस्त आज भी कहते हैं कि मोदी तूने हॉस्टल के सारे मजे किए पर मेहता की मार नहीं खाई है।

क्योंकि मुझे पता है मेहता सर मुझे बहुत पसंद करते हैं और वह सबको दिखता भी है इसलिए इतना उधम इतने हॉस्टल में कांड करने के बाद भी मेहता सर ने मुझे कभी नहीं मारा।

फरवरी का महीना था हमारी छुट्टी लग गई थी तो मैं दिन भर सोता,क्रिकेट खेलता और मस्ती करता, दोपहर में सोना मना था फिर भी सोता। मेहता सर हमारे रूम भी आए, दोपहर को कई बार हम चारों लोग सोते रहते थे सर मुझे नहीं मारते राम गौरव और यशवंत को मारते। मेहता सर के जाने के बाद यह लोग गाली देते कि हम को मार गया पर मोदी को नहीं मारा ।और बिना पढ़े कैसे ना कैसे करके मैंने परीक्षा दे दी अच्छे अंक भी आए क्लास में रैंक भी आ गई और आखिरकर में हॉस्टल से बाहर आ ही गया

# "असल क्रिकेट का सफर"

बाहर आते ही मैं सबसे पहले क्लब के बारे में पता लगाने लगा तो पता चला आईसीसी इंदौर का बेस्ट क्लब है पर वहां 14 वर्ष से कम के ही बच्चों को एडमिशन मिलता उससे बड़ो बच्चों को नहीं फिर एम बाय सी सी का पता चला पर वहां बहुत ही भीड़ रहती है फिर पता चला कि "अमय खुरासिया" सर भी ट्रेनिंग देते हैं पर वह उन्ही बच्चों को लेते हैं जिनमें उनको कुछ खास दिखे।अमय सर जबलपुर के थे जो इंडिया के लिए 12 वनडे मैच खेले हैं, और एमपी के लिए बहुत बड़े क्रिकेटर थे। मैंने उनकी ट्रेनिंग में जाने के लिए चेतन भैया (जो रामेश्वर पटेल के पोते थे और स्कूल में मेरे से एक साल सीनियर थे) को कॉल करके मिलने के लिए बुलाया।

दो दिन बाद मैं उनसे मिलने गया उनको बताया और निवेदन किया कि भैया मुझे अमय सर की ट्रेनिंग ज्वाइन करवा दो उन्होंने कहा ठीक है मैं एक-दो दिन में बताता हूं पर दो दिन हो जाने के बाद भी उनकी तरफ से कोई कॉल नहीं आया तो मैंने उनको कॉल किया तो उन्होंने नहीं उठाया मैंने अगले दिन फिर से कॉल किया उन्होंने फिर से नहीं उठाया मुझे बहुत तेज गुस्सा आया और बहुत ही बुरा लगा की हॉस्टल में जब भी आते हमारे साथ खेलते और रहते दोस्त की तरह है पर मदद के टाइम सब भूल गए।

पता नहीं कि मैं सही हूं या नहीं पर उस दिन से मैंने ठान लिया खेलूंगा तो अपने दम पर जब रामेश्वर पटेल का पोता, सत्यनारायण पटेल का भांजा ये लोग मेरा एडमिशन नहीं करा पा रहे हैं तो कोई

क्या करा पाएगा। फिर से मैं दूसरे क्लबों के बारे में पता करने लगा फिर किसी ने खानुजा क्लब और विजय क्लब के बारे में बताया मैं विजय नगर में भैया के रूम में रहता था वहां से विजय क्लब 10 किलोमीटर दूर था और खानुजा क्लब 5 किलोमीटर तो इसी को ध्यान में रखकर मैंने खानुजा क्लब ज्वाइन कर लिया।

क्लब की टाइमिंग सुबह 6:30 से 8:30 और शाम को 4:00 से 6:00 की थी। मैं सुबह वहां पहुंचा। मैंने और बिट्टू भैया ने वहां के कोच सादिक सर से बात की उन्होंने एक बात कही "अगर लड़के में दम होगा तो आगे तक जाएगा" कुछ देर बाद नेट चालू हो गई कुछ देर बाद मेरी बैटिंग आई सर मेरी बैटिंग देख रहे थे जितने भी बॉलर बॉलिंग कर रहे थे सब प्रोफेशनल थे मैं उन्हें ठीक से नहीं खेल पा रहा था सर समझ गए और वहां से चले गए।

खानुजा में दो नेट्स होती है एक में सारे सीनियर्स नेट करते हैं जो स्टेट के लिए या क्लब के लिए खेलते या जो बहुत ही अच्छा खेलते थे और यही मैंने सबसे पहले "वेंकटेश अय्यर" को देखा तब वो 14 साल का था और एमपी U-14 टीम में था दूसरी नेट में बाकी के सारे बच्चे छोटे हो या बड़े जो एवरेज है या सीख रहे हैं मुझे भी इसी नेट पर डाला गया।

दो-तीन दिन तक मैं नेट्स में परेशान होता रहा सही से खेल ही नहीं पा रहा था और ना कभी नेट में खेलने की आदत थी तो बिल्कुल बंद बंद सा लगता था फिर मैंने सोचा जो मेरा गेम मैं वही खेलूँगा। तो मैंने अगली नेट्स में शॉर्ट मारना चालू कर दिए पर मेरे शॉर्ट प्रोफेशनल बॉलिंग के सामने फेल थे क्योंकि इसे सिर्फ बल्ला घुमाना कहते हैं और फेल होते भी चाहे मैं हूं या कोई और क्योंकि बॉल को चाहे आप कोई भी शॉर्ट मारो उसके लिए एक सही

तकनीक होती है और जिसे यह तकनीक आ जाए वही एक असली बल्लेबाज होता है।

हमारी नेट के कोच कपिल सिंडगे सर थे वो और सादिक सर ने मुझे बुलाया और कहा तुम्हें अभी बेसिक सीखना होगा जीरो से शुरुआत करनी होगी अभी नेट में बस बोल रोकना सीखो। फिर मुझे किसी सीनियर ने एक दो बैटिंग के बेसिक बताएं और साथ में कुछ ड्रिल भी बताई मुझे एक पार्टनर मिल गया था राहुल,वो भी क्लब जाने के रास्ते में रहता था तो वह मेरे साथ ही बाइक से आना-जाना करता। अब दोनों साथ में ड्रिल करते।

नेट्स 8:30 बजे सुबह समाप्त हो जाती थी तो हम उसके बाद 11:00 बजे तक अलग से प्रैक्टिस करते थे उसके बाद घर जाते घर जाकर में नहाता खाना खाता सो जाता 2:00 बजे फिर से मैं ड्रिल करने के लिए निकल जाता राहुल भी मेरे साथ जाता। मई का महीना था बहुत तेज धूप और गर्मी होती इसके बाद भी हम जाते और 4:00 बजे से नेट करते ।अब मैं जिसको भी बताता यह मेरी टाइमिंग है प्रैक्टिस की तो सब मुझे मना करते कि इतनी गर्मी और धूप में मत जाया करो मन तो मेरा भी नहीं करता था पर मैं समझ गया था कि इतने से भी कुछ नहीं होगा मुझे मेरे गेम में बहुत सुधार करना होगा नेट के बाद भी 7:00 बजे तक उजाला रहता था तो 7:00 बजे तक भी हम अलग-अलग दिन अलग-अलग शॉट की प्रैक्टिस करते, फिर मैं बिल्कुल थक कर अपने रूम आता खाना खाता और 9 या 9:30 पर ही सो जाता।

कुछ दिन बाद संडे को हमारा आपस में मैच हुआ मैंने मैच में कुछ अच्छे शॉट खेले पर 23 रन बनाकर आउट हो गया। जब अगले दिन जिन लड़कों ने ज्यादा रन बनाएं या विकेट लिए सर ने उनको शाबासी दी।बाकियों से कुछ नहीं कहा मुझे बहुत बुरा लगा यह सोचने

लगा कि यार मैं ऐसे में कैसे आगे बढ़ूंगा मेरे गेम में सुधार कब होगा ना ही मैं नेट में बैटिंग सही से कर पा रहा था जिसके कारण मेरा पूरा दिन खराब जाता ना किसी से बात करने का मन करता यहां तक कि भैया से भी बात नहीं करता।चुपचाप रूम जाता खाना खाता सो जाता।

कुछ समझ नहीं आ रहा था कि मैं क्या करूं फिर एक दिन मैंने हिम्मत करके कपिल सिंडगे सर से कहा सर आप जो बोलेंगे मैं करने को तैयार हूं पर मुझे एक अच्छा प्लेयर बना दो सर ने पूछा तुम कहां रहते हो तो मैंने कहा विजय नगर में वो निपानिया में रहते थे जो विजय नगर के पास ही था तो उन्होंने कहा ठीक है मैं तुम्हें एक दो दिन में बुलाता हूं कुछ दिन बाद उन्होंने निपानिया के पास मास्टर ब्लास्टर ग्राउंड था वहां मुझे आने को कहा। एक जून से इंदौर के सारे क्लब बंद हो जाते हैं बारिश के कारण लगभग उत्तर भारत के सारे क्लब बंद हो जाते हैं तो एक जून से मैं मास्टर ब्लास्टर ग्राउंड जाने लगा ।वहाँ कपिल सर मुझे बिल्कुल बेसिक की प्रैक्टिस कराने लगे वहां पर कुछ और भी लड़के आते सुबह शाम को उनके साथ में अपनी प्रैक्टिस करने के बाद फिटनेस करता।

कुछ दिन बाद सर मुझे अपने साथ खंडवा ले गए वहां पर समर कैंप था तो उनको बुलाया गया था पर वहाँ छोटे बच्चों 10 से 14 साल की उम्र की नेट चल रही थी सर ने मुझे भी बैटिंग करा दी बच्चों के साथ और मुझसे यह कहा अभी चाहे कोई भी बॉल आए तो तुम बस उसे रोकना तुझे शॉर्ट नहीं मारना है। मैंने ठीक वैसा ही किया हर टाइप की बॉल को रोका कट मारने वाली बॉल को भी रोकने की कोशिश की तो सब वहां मुझ पर हंसने लगे फिर भी मैंने वही किया जो सर ने कहा करने को हद तो तब हो गई थी रात में सर के पास फोन आया कि हमने आपके लिए अरेंजमेंट किया आपके साथ आए लड़के का नहीं तब तक हमने होटल में खाना ऑर्डर कर दिया था सर ने मुझे बताया कि यह बात है तुम्हे खाने के पैसे देने होंगे और

अगर रुकना है तो पैसे तुम्हे ही देने होंगे नहीं तो तुम कल सुबह बस से वापस चले जाओ ।अगले ही दिन में खापस इंदौर लौट आया जब पापा ने मुझसे पूछा क्यों लौट आए तो पहले मैंने कहा ऐसे ही, बार बार पूछने के बाद भी मैंने कहा कि मेरा मन नहीं लग रहा था इसलिए आ गया।

सर जब खंडवा से लौटे उन्होंने मुझसे फीस मांगी 3000रूपए, 1000 हर महीने के हिसाब से मैंने पापा को बताया और मैंने अगले ही दिन फीस दे दी।जून का महीना था बारिश लगभग रोज़ होने लगी जिसके कारण कोई भी प्रैक्टिस ना फिटनेस हो पाती हफ्ते में सिर्फ एक-दो दिन मिलते थे उसमें भी सुबह या शाम को कर पाते।

लगभग एक महीने बाद जब बारिश थोड़ी कम हुई सर मुझे श्रीराम स्पोर्ट्स क्लब ले गए और उन्होंने मुझसे कहा वर्षिल तुम यही क्लब ज्वाइन करो यहां बच्चे भी कम है तो तुम्हें मौका भी जल्दी मिलेगा खेलने का मुझे भी सर की बात सही लगी और मैं अगले ही दिन से श्रीराम क्लब जाने लगा। क्लब मेरे रूम से पास भी पड़ता था। शुरु शुरु में तो यहां सिर्फ फील्डिंग और फिटनेस ही होती थी धीरे-धीरे में सबसे घुल मिल मिल गया सब से बातचीत होने लगी मेरी फील्डिंग हमेशा से अच्छी थी तो मुझे वहां थोड़ी इज्जत मिलने लगी। यहां पर कोच थे सौरभ मालवीय, सुनील दाणे और सुशील भैया यह तीनों तब क्लब से खेलते भी थे और बच्चों को सिखाते भी थे।

सितंबर आखरी तक नेट की तैयारी चालू हो गई थी यहां आकर मुझे पता चला कि वास्तव में भारत का घरेलू क्रिकेट कैसा है किसी को आगे बढ़ना है तो क्या करना होगा जैसे कि सबसे पहले क्लब के लिए खेलना होगा वहां अच्छा करने के बाद उसको इसी शहर या संभाग इंदौर भोपाल जबलपुर आदि के लिए खेलना और अच्छा परफॉर्म करना होगा इसके बाद उसकी उम्र के हिसाब से उसे अपने स्टेट के

लिए खेलने मिलेगा U-14, U-16,U-22 और रणजी ट्रॉफी। भारत में सबसे ज्यादा एक क्रिकेटर रणजी ट्रॉफी में कैसा प्रदर्शन करता है यह उसके भारत के लिए खेलने में सबसे ज्यादा मायने रखता है।

अब मेरे दिमाग में सब साफ था कि कैसे मुझे आगे बढ़ना है भारत के लिए खेलने के लिए क्या करना पड़ेगा। हमको जताया गया कल सभी अपनी किट लाना।नेट्स का पहला दिन था पहले सभी कोच ने बैटिंग की फिर जो श्रीराम के ए ग्रेड खेलने वाले बैट्समैन थे उन्हें बैटिंग मिली। मैं और जो कुछ नए लड़के थे वह बस खड़े होकर अपना इंतजार कर रहे थे। अगले दिन भी हमारे साथ फिर वही हुआ हम इंतजार ही करते रहे। उसके अगले दिन मुझे बैटिंग के लिए पैडअप होने को कहा मैं रेडी होकर बैटिंग करने लगा पर सामने सारे ए गग्रेड खेलने वाले बॉलर थे मैं उनके सामने संघर्ष करने लगा क्योंकि मुझे अभी पता नहीं था ना कोई तकनीक थी कि कैसे किस बॉल को खेलना है।

सभी की बैटिंग हो जाने के बाद यह डिसाइड हुआ कि कल से दो नेट्स होगी एक में सारे सीनियर और ए ग्रेड खेलने वाले दूसरी में सारे जूनियर जिसमें मैं भी था। अगले दिन से हमारी नेट्स वैसी ही हुई पर मेरी हालत बुरी से बुरी होती जा रही थी ना मैं फास्ट बॉल खेल पा रहा था और स्पिनर को मुझे खेलते ही नहीं बनता था जिसके कारण मुझे कभी-कभी नेट में बैटिंग ही नहीं मिलती थी। जिससे मुझे बहुत बुरा लगता और सोचने लगा कि क्या होगा मेरा कैसे सुधार करूंगा मैं अपने में इतना खो जाता मायूस होता कि चेहरे पर साफ दिखता जिससे सब मुझसे पूछते कि क्या हुआ इतना टेंशन मत ले धीरे-धीरे सुधार आएगा अलग अलग तरीके से समझाने लगे।

एक दिन मैं और अंशु जल्दी आकर ड्रिल कर रहे थे तभी अचानक सुनील भैया वहां आ गए हमें ड्रिल करता देख वह हमें समझाने लगे

और कहा कल मैं भी जल्दी आ जाऊंगा अपन साथ में ड्रिल करेंगे मैं और अंशु रेडी हो गए। पर नेट के बाद जब मैं अपनी बैटिंग के बारे में पूछने जाता तो मुझे सारे कोच डेली मेरी गलतियां मेरी कमियां ही बताते इतना मुझे सुनाते कि मैं बिल्कुल निराश हो जाता ।सुनील भैया जो हमारे कोच भी थे कुछ दिन हमारे साथ ड्रिल करने के बाद उन्होंने ड्रिल करना बंद कर दी मैं जो थोड़ा बहुत उनसे सीख पा रहा था वह भी बंद हो गया तो मैं फिर से परेशान हो गया और सोचने लगा बिना कोच के मैं कैसे आगे बढूंगा।

तभी मुझे याद आया कि कपिल सर को मैंने पैसे दिए हैं उनसे बात करता हूं आगे के लिए और उन्होंने मेरा कॉल भी नहीं उठाया कुछ दिन तक, आखिरी में उन्होंने कॉल उठा कर मुझसे कहा मैं इस क्लब में कोचिंग नहीं करता तुम मेरे क्लब में आ जाओ या फिर भूल जाओ मैंने यह पापा को बताया तो उन्होंने पैसे वापस मांगने को कहा पर सर ने पैसे देने से साफ मना कर दिया।

इधर स्कूल में मेरे दोस्त लोग भी पूछते मोदी क्या चल रहा है मैच कब खेलेगा तू, कब आएगा टीम में हम भी कहेंगे मोदी हमारा दोस्त है और मैं उनको कोई जवाब भी नहीं दे पा रहा था। स्कूल में तो बस मैं सिर्फ अपना समय निकालने जाता और क्लास में पूरे टाइम मस्ती करता। मैं राम,पीयूष और सूर्या अब चारों एक साथ बैठते थे किसी भी टीचर से हम नहीं डरते थे हम तो बस अपनी बातों में लगे रहते थे क्योंकि मैं और पीयूष दोनों बाहर रहते थे राम और सूर्या हॉस्टल में, तो हम दोनों राम, और सूर्या को बाहर क्या चल रहा यह ज्यादा बताते ।और यह सब करके हमारा पूरा दिन निकल जाता।

एक दिन हमारे अकाउंट के टीचर नहीं आए हमारी क्लास 12'D' थी तो हमें ग्राउंड में खेलने भेजा गया हम क्रिकेट खेल रहे थे टीम बना कर साथ में सर लोग भी खेल रहे थे मैच पूरा हुआ नहीं कि टाइम

हो गया था तभी हमने 12'सी' को आते देखा तो हम समझ गए कि इनको भी सर के ना आने के कारण खेलने भेजा है तो हम सारे दोस्त भी रुक गए और क्लास नहीं गए। कुछ देर बाद एक सर आये हम सब 8 लड़कों का नाम लिया और कहा सभी यही है हमने हां कहा तो उन्होंने कहा तुम सबको वॉइस प्रिंसिपल ने बुलाया है हमने कहा डांट तो खानी ही है तो पूरा टाइम खेल कर ही जाओ। जब क्लास का समय समाप्त हुआ और हम सीधे वॉइस प्रिंसिपल के ऑफिस के बाहर जाकर खड़े हो गए अब कोई अंदर जाने को तैयार नहीं हो रहा था सब एक दूसरे को बोल रहे थे।

तब हिम्मत दिखाकर मैं सबसे पहले अंदर गया मेरे पीछे सूर्या आ गया ऐसा करके सब अंदर आ गए। सब सर के सामने खड़े थे सर हमको डांट रहे थे पर सूर्या मुझे पीछे से गुदगुदी कर रहा था जिससे मुझे बहुत हंसी आ रही थी मैं जैसे तैसे अपनी हंसी कंट्रोल कर रहा था। तभी सर गुस्से में मुझे और पीयूष से कहने लगे तुम दोनों तो बहुत अच्छे स्टूडेंट हो फिर क्यों ऐसी हरकतें करते हो पर सूर्या कहां रुकने वाला था, मुझसे रहा नहीं गया और मैंने कह ही दिया "सर सूर्या" तो वह समझ गए पर उन्होंने कुछ नहीं कहा क्योंकि सूर्या बहुत पहले से हॉस्टल में था।कई बार हरकतों के कारण ससपेंड हो चुका था इसलिए सभी सर ने उससे कहना छोड़ दिया था।

सर ने हमारे सामने ही एक-एक करके सब के पापा को कॉल कर दिया सबसे पहले विवेक के पापा को किया क्योंकि वह दोनों दोस्त थे और कहा हां वीरेंद्र जी एक बार फिर से आपके बेटे ने हमें निराश किया है उसे समझाएं पढ़ाई करने के लिए फिर सबके पापा को कॉल कर दिया। विवेक के पापा ने कहा कि वह सुनता नहीं है तभी तो तेरे पास भेजा अब तू ही संभाल। ऐसे ही जब मैं स्कूल के बाद घर में पहुंचा तो मेरे पापा का कॉल आया उन्होंने बताया उनकी और सर की क्या बात हुई सर ने कहा कि आपका बेटा क्लास बंक करके क्रिकेट

खेल रहा था तो मैंने तो कह दिया कि सर मैंने तो उसे खेलने के लिए ही भेजा है तो सर ने कहा पर क्लास छोड़कर जाना सही नहीं तो मैंने कहा मुझे कुछ नहीं पता आप जानो। फिर सब ने स्कूल आकर सब को बताया जिसे हम याद करके आज भी बहुत हंसते हैं।

पर क्लब में क्या चल रहा मैं कहां जा रहा हूं यह समझ नहीं आ रहा था, लेकिन एक दिन मेरे दिमाग में आया,की सुनील भैया से बात करता हूं शाम को नेट हो जाने के बाद उनको सब बताया कि भैया मुझे बिल्कुल अच्छा नहीं लग रहा न सही से खेल पा रहा हूं न समझ आ रहा है कि कैसे सुधार करू।मैं एक दम हताश था आप ही बताओ मैं क्या करूं आप जो बोलेंगे मैं करने को तैयार हूं। उन्होंने मुझसे कहा कल 2:30 बजे क्लब आ जाना मैं समय से पहुंच गया सुनील भैया भी आ गए थे फिर उन्होंने मुझे एक महीने का टाइम टेबल बना कर दिया जिसमें सारे शार्ट की अलग-अलग तरह की ड्रिल थी बेसिक से एडवांस, और कहा वर्षिल अगर तू इसे अच्छे से एक महीने तक करेगा तो फिर देख तेरी बैटिंग सुधरेगी और हर ड्रिल उन्होंने मुझे करके दिखा दी कि तुझे भी ऐसे ही करना है।

पर जैसे क्रिकेट खेलना आसान नहीं है वैसे ही क्रिकेट की किट खरीदना आसान नहीं है खास तौर पर बैट्समैन के लिए खरीदना आसान नहीं होता क्योंकि किट में हेलमेट, ग्लव, बैट, पैड, जूते और बहुत सारी चीजें लगती है और पूरी किट का समान बहुत महंगा आता है। और किट जितनी उपयोग होती है उतनी ही जल्दी खराब होती है, सबसे जल्दी ग्लब खराब होते हैं फट जाते थे दूसरी चीजें उन्नीस बीस चल जाती पर ग्लव थोड़ा भी खराब हो तो बैट हाथ से छूट जाता है और खेलना मुश्किल होता है।

मैंने कुछ पैसे जो रखे थे और कुछ पैसे पापा से मंगा कर नई किट लेकर आया जो और अच्छी क्वालिटी की थी और ड्रिल करने के लिए अलग अलग तरीके की बॉल जैसे प्लास्टिक, लेदर और टेनिस बॉल लेकर आया।मैंने उसी दिन से यह तय भी कर लिया की अब से पैसे बचाने के लिए मूवी देखने नहीं जाऊंगा। हम लोग एक फ्लैट किराए से लेकर रहते थे जिसमें मैं बिट्टू भैया गौरव भैया और नीरज भैया जो गौरव भैया के दोस्त और शहपुरा के थे गौरव और नीरज भैया अक्सर मूवी देखने जाते थे मुझसे भी वह कहते तो मैं मन मारकर मना कर देता।

अब मैंने और अंशु ने सुनील भैया के बताए अनुसार प्रैक्टिस करना चालू कर दिया। मैं स्कूल से 2:00 बजे आता 15 मिनट आराम करता फिर क्लब निकल जाता और छुट्टी वाले दिन सुबह से जाकर हम दोनों प्रैक्टिस करते। अब मुझे समझ में आने लगा कि फास्ट बॉल हो या स्पिनर की, किस बॉल को किस तरह खेलना है बैट कहां होना चाहिए शरीर की पोजीशन कैसी होनी चाहिए यह सब समझ आ रहा था ड्रिल करते-करते बैटिंग में सुधार भी हो रहा था। लेकिन बस सुधार ही ।नेट्स के बाद अभी भी लोग मेरी गलतियां ही मुझे बताते उसके बाद भी मैं उनकी बात सुनता और उनके बताए अनुसार खेलने की कोशिश करता।

फिर एक दिन हम सब जूनियर का दूसरे क्लब बालों से प्रैक्टिस मैच कराया गया बॉल के लिए सबसे पैसे लिए गए और सौरभ भैया ने कहा कि जो 100 मारेगा या पांच विकेट लेगा तो बॉल उसकी। हम सब अगले दिन ग्राउंड पहुंच गए 40 ओवर का मैच था पहले हमारी बैटिंग थी मुझे दो विकेट गिरने के बाद बैटिंग मिली लगभग सातवें ओवर में,मैं एक या दो रन बनाता जा रहा था बीच-बीच में चौके भी मार देता ऐसा करके मैंने 40 के ऊपर रन बना लिए थे अन्दर से पता चल जाता है हर बैट्समैन को पर टीम वाले बताते नहीं जिससे

उसका फोकस न हट जाए 50 या 100 करने के चक्कर में आउट ना हो जाए।

तब मैं बैटिंग करते करते थकता बहुत था मेरी इतनी फिटनेस नहीं थी तो मुझे बार-बार प्यास लगती थी जिससे मेरा शरीर ढीला पड़ जाता और शॉट खेलते नहीं बनता तो मैं बार-बार पानी बुलाता पीने के लिए तभी मेरी टीम का संदेश आया जो पानी लाया था उसने कहा तुम 46 में खेल रहे हो 4 रन और चाहिए है अच्छे से खेलना। मैंने सोचा मैं बस 4 रन दूर हूं अपने पहले अर्धशतक से और कोई रिस्क लिए बगैर एक एक रन बनाकर अपना पहले अर्धशतक किया सब ताली बजाने लगे और मुझे एक अलग ही सुकून मिला। उस मैच में 53(56 बॉल में) बनाकर नॉटआउट रहा। हम जीत गए थे अगले दिन सोरभ भैया ने पहली बार शाबाशी दी पर किसी ने 100 या 5 विकेट नहीं लिए थे तो उन्होंने बॉल मुझे दे दी और जब तक मैं इंदौर में था तब तक उसे अपने हाथ में लेकर सोता और सोचता कि एक दिन में भारत के लिए खेलूँगा ऐसे ही मुझे और 'मैन ऑफ द मैच" का पुरस्कार मिलेंगे।

मेरी बैटिंग में सुधार तो था पर अभी भी मैं नेट में गलतियां करता बार-बार नेट में आउट हो जाता या अच्छी बॉल को खेल नहीं पाता बस जो आसान होती है उसी को खेल पाता। इंदौर में क्लब बालों के लिए सिर्फ दो टूर्नामेंट होते ए ग्रेड और बी ग्रेड। ए ग्रेड में 12 क्लब थे, 50 ओवर का मैच होता था सभी क्लब एक दूसरे से एक-एक मैच खेलते हैं यानी 11 मैच एक क्लब को मिलते हैं और यहां जो सबसे अच्छा खेलता उसको आगे जाने का मौका मिलता।

क्लब में डेली मुश्किल से 20 या 25 लड़के आते थे इन्ही में से टीम का सिलेक्शन होता था जिसमें तीन कोच तो पहले से फिक्स थे जो मैच खेलते ही इसके अलावा 10 लोगों के नाम एलान हुए जिसमें मेरा नाम भी था यह सुनकर कई लोग हैरान थे। सारे मैच संडे को ही होते थे तो

पहले मैच के लिए हम ग्राउंड पहुंच गए। वहां जाकर देखा तो 3 प्लेयर बाहर से भी आएद थे जो प्लेइंग इलेवन का हिस्सा थे यह देखकर जो नहीं खेल रहे थे उन सब को बहुत गुस्सा आया कि हम डेली प्रैक्टिस करते हैं क्लब में और हमको ही क्लब से खेलने को नहीं मिलता।

शुरू के 4 मैच हमारा क्लब हार गया तो क्लब में माहौल खराब हो गया जो नहीं खेल रहे थे वह गुस्सा थे और जो खेल रहे थे वह एक दूसरे को इल्जाम लगाते तो कुछ सीनियर और सौरभ भैया अगले दो मैच में नहीं खेले तो नए लड़कों को मौका दिया गया पर यहां भी मेरा कोई नाम नहीं था।फिर भी टीम मैच हार गई तो बाकी कोच ने सौरभ भैया को वापस मैच खेलने के लिए रेडी किया तो अगले दो मैच हमारा क्लब जीत गया।

पर मेरे लिए सबको बताना उनके जवाबों का सामना करना बहुत मुश्किल था खास तौर पर जब मेरे पापा पूछते थे क्या चल रहा है मैंने उनको भी समझाया था कि कैसे आगे बढ़ना है उनको बताया भी कि ए ग्रेड के मैच चालू हो गए हैं तो वह पूछते आज मौका मिला और मैं उदास होकर नहीं मिला कहता तो उनको भी बुरा लगता है कभी-कभी तो वह कॉल तक कट कर देते थे। मेरे से मेरे भाई, स्कूल के दोस्त और कुछ रिश्तेदार सब पूछते क्या चल रहा है पर मैं किसी को कोई जवाब ही नहीं दे पाता बस यही बोलता और टाइम लगेगा चल रहा है सब अच्छा, बस यही बोल पाता था और जल्द से जल्द बात खत्म कर देता था।

क्लब में हम बाकी के लड़के पूछते भी की क्यों हमको मौका नहीं दिया जा रहा है,जब नेट्स में कोई गलत शॉट खेलते या आउट हो जाते तो बाहर से आवाज आती है कि इसलिए नहीं दिया जाता।नेट्स के बाद हम ग्राउंड में बैठकर बहुत देर तक बातें करते, की क्या करें हमें क्यों मौका नहीं मिल रहा तब एक लड़के ने कहा तुझे तो इसलिए

लेके जाते हैं जिससे सुनील भैया तेरी किट यूज़ कर सके तू अभी तक नहीं समझा, सुनील भैया वैसे भी तेरी ही किट पहन कर डेली प्रैक्टिस करते हैं। उस दिन मुझे एहसास हुआ कि हां यह तो बिल्कुल सच है। लेकिन यह जानने के बाद भी मैंने उनसे कुछ नहीं कहा और वह मेरी किट यूज़ करते रहे।

दिसंबर के महीने की बात थी मेरे स्कूल में फिर से इंटर हाउस गेम हुए इस बार राम ने पहले ही बोल दिया था कि इस बार विवेकानंद ही जीतेगी इधर ए ग्रेड के मैच कुछ समय के लिए रुक ही जाते हैं तो ओपन टूर्नामेंट शुरू हो जाते हैं श्री राम क्लब ने नेपानगर में हुए ओपन टूर्नामेंट में भाग लिया और ठीक उसी दिन मैच था जिस दिन मेरे स्कूल में इंटर हाउस मैच था तो पहले मैंने क्लब के साथ जाने से मना कर दिया और स्कूल के मैच के लिए रेडी था पर मैच के ठीक पहले ही रात को सुनील भैया का कॉल आया और बोले वर्षिल हमारे पास सिर्फ 10 प्लेयर है 2 प्लेयर इंदौर से नहीं आ रहे हैं तो क्या तुम नेपानगर आ सकते हो तो मैंने पूछा मैं इतनी रात में कैसे आऊंगा तो वो बोले 10:30 बजे की बस है खंडवा के लिए फिर 1:00 बजे ट्रेन है खंडवा से नेपानगर के लिए मैं तेरे लिए प्रीतम को खंडवा भेज देता हूं वहां से तुम दोनों साथ आ जाना।

मुझे एहसास हुआ कि टीम को मेरी जरूरत है और क्लब के मैच से मेरा कैरियर बनाएंगे न की स्कूल के मैच से तो मैंने भैया से हां कह दिया | रात के 9:00 बजे थे ठंड का समय था मैंने पापा को कॉल किया और बताया कि मैं जा रहा हूं तो उन्होंने मना कर दिया पर मुझे तो जाना ही था वो बोले इतनी रात है 2:00 बजे पहुंच पाओगे इतनी ठंड है पर मैं मानने वाला नहीं था तो उन्होंने गुस्सा होकर कहा ठीक है कर लो अपनी मन की और गुस्से में कॉल काट दिया। बिट्टू भैया सारी बातें सुन रहा था उसने भी कहा चंचल मान जाओ पर मैंने उसकी भी नहीं सुनी रेडी हुआ और कहा मुझे बस स्टैंड तक छोड़ दो

तो भैया ने फिर से कहा तो मैंने कहा ठीक है मैं ऑटो से चला जाता हूं और बाहर आने लगा तो भैया ने मुझे बस स्टैंड तक छोड़ा और मैं बस से खंडवा आ गया।

बस स्टैंड पर प्रीतम मुझे लेने आ गया था फिर दोनों साथ में नेपानगर निकल गए तभी पापा का कॉल आया पहुंच गए मैंने कहा मैं और प्रीतम ट्रेन से नेपानगर के लिए निकल गए हैं।ठीक 1:30 पर हम नेपानगर पहुंचे वहां से जहां टीम रुकी थी वहां गए सुनील भैया बहुत ही खुश होकर मुझसे मिले उनकी चेहरे की खुशी बता रही थी मेरा या एक और प्लेयर का आना कितना महत्वपूर्ण था। कुछ देर तक हम बात करते रहे तभी सुनील भैया ने पूछा कैसे रहा सफ़र, तो मैंने कहा सफर तो ठीक था पर पापा गुस्सा हो गए वो आने से मना कर रहे थे इतनी रात में पर फिर भी मैं आ गया तो सुनील भैया ने मुझसे कहा कि यही सब तो तुझे आगे ले जाएगा ।अगले दिन सब मैच के लिए ग्राउंड पहुंच गए ग्राउंड पहुंचकर मैंने मेहता सर को कॉल करके बताया कि मैं नेपानगर में हूं आज नहीं आऊंगा राम को बता देना।हमारी पहले बैटिंग थी आठवें ओवर में टीम के 5 विकेट गिर गए फिर मेरी बैटिंग आई जब मैं अंदर गया तो सुनील भैया खेल रहे थे उन्होंने मुझसे कहा बस खड़े रहना रन मैं बना दूंगा। मैं नॉर्मल अपनी बैटिंग कर रहा था कुछ अच्छे शॉट मारे हमारी अच्छी साझेदारी हो गई थी 22 ओवर में मैं आउट हो गया मैंने 23 रन मारे और सुनील भैया ने अर्ध शतक मारा था जिससे हमारी टीम का अच्छा टारगेट सेट हुआ मैच 30 ओवर का था हम मैच जीत गए तो अगले दिन भी हमारा मैच था तो वहां रुके हुए थे।

शाम को हॉस्टल से राम का कॉल आया कि मोदी हम मैच जीत गए कल साराभाई से फाइनल है तो मैंने कहा हम भी मैच जीत गए कल सेकंड राउंड है मैं नहीं आ सकता राम को दुख हुआ और कहा अरे यार मोदी मैंने कहा सॉरी भाई तो वह बोला कोई बात नहीं फिर

भी कल फाइनल हम ही जीतेंगे। अगले दिन हमारी टीम का सबसे बुरा हाल हुआ सब जल्दी आउट हो गए और हम मैच हार गए पर राम हार मानने वालों में से नहीं है वह बहुत रोमांचक मैच था विवेकानंद और साराभाई का राम ने लास्ट बॉल पर 4 रन बनाकर मैच जिता कर पिछले साल का बदला लिया।

मैच हारने के बाद हम तुरंत इंदौर लौट आये और अगले दिन में स्कूल गया 1600 मीटर रेस में भाग लेने राम ने पूरे हॉस्टल में फैला दिया था मोदी बहुत जमकर प्रैक्टिस कर रहा है इस बार मोदी ही जीतेगा ऐसा इसलिए क्योंकि अभय पिछले 2 साल से 1600 मीटर रेस जीत रहा था अभय और राम की बनती नहीं थी और रेस वाले दिन जो हुआ जिससे दोस्ती शर्मसार हो गई।

रेस में विवेक और सूर्या ने भी गांधी हाउस से भाग लिया जबकि दोनों का दौड़ से कोई लेना-देना नहीं था।अभय भी हमारे साथ का था पर दूसरे सेक्शन में।अभय और सूर्या बहुत ही अच्छे दोस्त थे।सूर्या और विवेक के भाग लेने से मेरे मन में संदेह आया पर राम समझ गया था।रेस के ठीक पहले राम मेरे पास आया और कहा मोदी,सूर्या और विवेक से संभाल कर रहना। मैंने उनकी तरफ देखा तो दोनों हंस रहे थे।

रेस शुरू हुई 400 मीटर का ट्रैक था सब धीरे-धीरे दौड़ रहे थे मेरे पास तेज दौड़ने की शक्ति नहीं थी तेज दौड़ने में मैं जल्दी थक जाता था तो मैंने पहले ही सबसे तेज दौड़ कर एक राउंड की लीड ले ली मैं सब से एक राउंड आगे चल रहा था जैसे ही मैं अपना तीसरा राउंड पूरा करने वाला था अभय ने अपनी स्पीड बढ़ा दी और सूर्य विवेक ने मुझे आजू-बाजू से घेर लिया मुझे आगे निकलने नहीं दे रहे थे मैं अगर आगे बढ़ने की कोशिश करता तो सामने आ जाते थे इतनी देर में अभय मुझसे आगे निकल गया। मैंने फिर से अभय से आगे निकलने

की कोशिश की तो सूर्या फिर से गलत साइड आकर मुझे रोकने लगा तो उसे रेस से डिसक्वालिफाइड कर दिया गया मैंने उसे देखा तो वह हंस रहा था यह देख मुझे बहुत तेज गुस्सा आया मन में यह बात आई कि यह मेरा दोस्त होके भी मेरे साथ ऐसा कर रहा है और तुरंत ही मैं भी रेस से ग्राउंड के बाहर आ गया।

अब इधर अभय लगातार तीसरी बार बेईमानी से ही सही पर जीत गया। सारे सर मैडम सूर्या और मुझे दोनों को डांट रहे थे मुझसे सब यह कह रहे थे कि मुझे कम से कम रेस तो पूरी करनी थी पर मैं किसी से कुछ नहीं कह रहा था फिर सूर्या मेरे पास आया और पूछा वर्षिल सब ठीक है मैं उससे हां, कह कर वहां से चला गया फिर राम आया और दोनों को गाली देने लगा और मुझसे बोला मैंने बोला था मोदी संभल कर रहना अगर बेईमानी नहीं करते वो, तो तू ही जीतता।

पर मैं कुछ कहने की हालत में नहीं था क्योंकि मेरे दोस्त ने हीं मुझे सदमा दिया था जिसके साथ में पूरे टाइम स्कूल में रहता था मस्ती करता दोस्त से बढ़कर भाई की तरह साथ में रहते थे। उसी ने मेरे साथ ऐसा किया वह मुझे सहन नहीं हो रहा था पूरे स्कूल में बात फ़ैली और सब यही कह रहे थे वर्षिल ही जीतता अगर सूर्या ऐसा नहीं करता । और बाद में विवेक ने हमें बताया भी था कि अभय ने सूर्या से यह बोला था कि दो साल से मैं जीत रहा हूं अगर मैं हार जाऊंगा तो मेरी क्या इज्जत रह जाएगी ऊपर से मोदी हॉस्टल का भी नहीं है यह सब बोलकर अभय ने सूर्या को अपने साइड कर लिया था।

अगले हफ्ते स्कूल स्टेट का ट्रायल था इंदौर के स्कूलों के लड़कों को लेकर टीम बननी थी और इस साल टूर्नामेंट जबलपुर में होना था,यह टूर्नामेंट भी 20 ओवर का था। ट्रायल 3 दिन का था पहले दिन मैं गया तो देखा कि सफेद किट में लड़कों का मेला सा लगा है सारे स्कूल से लड़के ट्रायल में आए थे तभी देखा मैंने लगातार लड़के एक

लड़के से हाथ मिला रहे हैं तब मैंने पूछा तो पता चला कि वह रजत पाटीदार है तब रजत U-19 एमपी से खेलता था और हमारे उम्र के लड़कों में सबसे बड़ा नाम था।

पहले दिन तो मेरी बैटिंग नहीं आई पर दूसरे दिन मुझे बैटिंग करने का मौका मिला पर रजत बैटिंग कर रहा था वह शॉट खेले जा रहा था तो सिलेक्टर उससे बैटिंग कराए जा रहे थे बहुत देर बाद दूसरों का नंबर आया फिर मेरा आया और मुझे पता चल गया कि मेरी बैटिंग किस लेवल की है जाते ही स्ट्रगल चालू हो गया सही से खेल नहीं पा रहा था दो बार तो बोल्ड भी हो गया जिससे मुझे जल्दी नेट के बाहर बुला लिया। एक दिन और ट्रायल चला फिर सब को कहा गया कि टीम 2 दिन बाद सूचित की जाएगी एम.पी.सी.ए. के ऑफिस बोर्ड पर।

ट्रायल के बाद में स्कूल गया सारे स्पोर्ट्स के टीचर मुझसे पूछने लगे कि कैसा रहा ट्रायल सबको मेरे से बहुत उम्मीद थी पर मैं उदास था और क्या हुआ ट्रायल में सबको बताने लगा तभी सपना मैडम जो जूनियर बच्चों की पी.टी.आई. थी वो सब सुन रही थी उन्होंने मुझे बाद में मिलने को कहा बाद में मैं उनसे मिलने गया तो उन्होंने मुझसे पूछा तुझे सच में स्टेट टीम से खेलने जाना है? मैंने कहा हाँ पर मेरा ट्रायल अच्छा नहीं गया तो मैं कैसे जाऊंगा मैडम ने कहा तू यह बता तुझे सच में जाना है कि नहीं मैंने कहा जाना है मैडम बोली तो तू मुझ पर छोड़ दे जाने की तैयारी कर और 3 दिन बाद जब लिस्ट आई तो मेरा भी नाम था।

मैं तो खुश था मेरे घर वाले भी खुश थे पर क्लब और बाकी के लड़कों को संदेह था कि इसका सिलेक्शन कैसे हुआ जरूर इसका कोई जुगाड़ या सोर्स होगा तभी टीम में आया है क्योंकि ना तो कभी इसका नाम सुना है ना ही इसका ट्रायल अच्छा गया था। 15 सदस्य

की टीम का कैप्टन रजत पाटीदार और टीम में कपिल भी था जो श्री राम स्पोर्ट्स क्लब के ओनर का बेटा था हम दोनों टीम के साथ जबलपुर रवाना हो गए।

ट्रेन में सबका एक दूसरे से परिचय हुआ कोच ने सब से बात की और सब को एक दूसरे से मिलाया सब मुझे घूर घूर कर देख रहे थे क्योंकि सब क्लब लेवल पर अच्छा प्रदर्शन करके यहां आए थे और मैं बिना ए ग्रेड मैच खेले वहां था।कोच को पता चला कि मैं जबलपुर का हूं तो वह जबलपुर की बात मुझसे करने लगे, जानकारी लेने लगे तब जाकर सब मुझसे नॉर्मल हुए।

अगले दिन हम जबलपुर पहुंच गए हमारी टीम को सरकारी स्कूल में रुकाया गया जहां की हालत बहुत ही खराब थी सुबह का खाना भी ऐसा ही था तो मेरे घर वाले बोले घर में रुक जाओ यही खाना यही सोना बस टाइम से अपनी टीम के पास चले जाना मैं भी उनकी बात में आ गया ऐसा ही करने लगा जो गौरव भैया ने कहा था कि गलत है पर मुझे यह बहुत बाद में समझ आया कि टीम का साथ कभी नहीं छोड़ना चाहिए।

पहला मैच था मैं प्लेइंग इलेवन में नहीं था मैं ट्वेल्थ मेन था जब हमारी टीम की फील्डिंग चल रही थी तभी मेरे बड़े पापा मैच देखने आए थे उसी दौरान में टीम के लिए पानी ले जा रहा था मैच देखकर बड़े पापा घर आकर बोले कि जब तुम यहां पानी पिला रहे हो तो आगे जाकर कैसे खेलोगे मेरे पास कोई जवाब नहीं था बस सोचने लगा कि अगर मुझे खेलने का मौका मिला नहीं तो घर वाले क्या सोचेंगे पर अगले दिन भी मुझे नहीं खिलाया गया घर आया तो सबको बताया घर में भी सब उदास थे ।पापा से बात हुई तो बोले कल मैं मम्मी और अम्मा (मेरी दादी)सब आ रहे हैं जबलपुर, तुम्हारा मैच देखने भी आएंगे।

यह सुनकर मैं बस प्रार्थना करने लगा कि हे भगवान बस कल का मैच मुझे खिलवा दो जिससे मेरी मम्मी पापा मुझे खेलता देख खुश हो जाएं और शायद भगवान ने सुन भी लिया मुझे अगले दिन प्लेइंग इलेवन में मौका मिला पर यहाँ रजत पाटीदार ने किसी और को खेलने का मौका ही नहीं दिया क्योंकि वह आउट ही नहीं होता था पर मेरे घरवाले जब आए ग्राउंड तब मैं फील्डिंग कर रहा था जब मैं घर आया तो पापा ने बताया कि तुम फील्डिंग कर रहे थे वह बताते हुए खुश थे और उन्हें देखकर मुझे खुशी मिली कि आज तो मौका मिल गया।

पर यह मेरा आखरी मौका था मुझे दोबारा नहीं खिलाया गया इंदौर और जबलपुर फाइनल में पहुंच गए थे फाइनल जोरदार हुआ पहले हमारी बैटिंग थी हमने एक अच्छा टारगेट सेट किया था पर अंपायर ने साथ जबलपुर की टीम का दिया और उनको मैच जिता दिया। टूर्नामेंट में सबसे ज्यादा रन रजत के थे और सबसे ज्यादा विकेट कपिल ने लिए थे। मैं कुछ दिन और घर में रुक गया। पर सबक मैंने यहां सीखा वह बहुत काम का था कि अपनी टीम का साथ कभी नहीं छोड़ना चाहिए चाहे कैसी भी परिस्थिति हो।

इतना ही नहीं मुझे फिर से यह सबक मिला कि अगर आगे बढ़ना है तो अपने दम पर ही बढ़ना होगा चाहे कितना भी सोर्स लगवा लूँ एक मैच से ज्यादा कुछ नहीं मिलने वाला। स्कूल के एनुअल फंक्शन पर अवार्ड तो मिला तो सब जानते थे कि कैसे मिला और आज वह बस मेरे घर के शोकेस में रखा है।

ए ग्रेड के मैच फिर से शुरू हो गए थे और हमारा अगला मैच विजय क्लब से था रजत पाटीदार ने शतक मारी और हमारी टीम बुरी तरह हार गई उस दिन रजत को देखकर यह लगा जो बंदा मेरे साथ का है वह शतक मार रहा है और मैं एक मैच तक नहीं खेल पा रहा हूं तो कब मैं आगे बढ़ूंगा कब खेलूंगा और बाद में मन बिल्कुल उदास हो

गया घर आया तो समझ ही नहीं आ रहा था क्या करूं ना कोई ऐसा था जिससे अपनी सारी बातें शेयर कर सकूं ना कोई था जो मुझे सही से गाइड कर सके कि क्या करना चाहिए अपना गुस्सा फ्रस्ट्रेशन कैसे निकालना चाहिए ऐसे हालातो में में मन को शांत कैसे रखना चाहिए।

मैं बस दुखी होकर सबसे दूर हो जाता अपने कमरे में जाकर रोता फिर मन को शांत करता और फिर से उम्मीद देता खुद पर भरोसा रख बोलकर फिर से क्लब जाने को तैयार करता और मेहनत करने का बोलता अपना समय आने का इंतजार करता। और यह सोचता की कठिनाई तो आएंगे ही पर हार नहीं मानना है।

ए ग्रेड के सारे मैच हो गए थे मुझे एक मैच तक नहीं खिलाया गया और स्कूल में बोर्ड एग्जाम होने के कारण पीएल (प्रिपरेशन लीव) लग गई थी तो मैंने अपना पूरा टाइम प्रैक्टिस को दे दिया। सुबह 8:00 बजे जाता और फिर 1:00 बजे तक प्रैक्टिस करता, खाना खाता थोड़ा आराम करता 3:00 बजे फिर से निकल जाता फिर 7:30 बजे घर पहुंचता। इससे मेरे गेम में सुधार दिखने लगा था सब कहने लगे थे। पर मेरे घरवाले चिंता में थे कि बारहवीं बोर्ड एग्जाम है पढ़ लो अच्छे से फिर खेलते रहना पर मैं कहां सुनने वाला था।

फिर से ओपन टूर्नामेंट में हमारी टीमे भाग लेने गयी इस बार मंदसौर गए थे मुझे भी प्लेइंग में रखा गया था हमारी टीम ने पहले बॉलिंग की सारे बॉलर बहुत बुरी तरह पिट रहे थे तो सुनील भैया ने मुझसे ऑफ स्पिन कराई मैंने चार विकेट भी लिए पांच भी हो जाते पर एक कैच छूट गया था फील्डर से हमारी टीम बहुत बड़ा टारगेट का पीछा कर रही थी मुझे बैटिंग करने का मौका तक नहीं मिला और हम हार गए।

कुछ दिन बाद हम बाबई गए। मेरा कॉन्फिडेंस बहुत हाई था कि अब मुझे खिलाएंगे ही मैंने बॉलिंग भी अच्छी की और बैटिंग में मौका

मिला नहीं, तो अब देंगे पर मेरे सोचने से नहीं होता ना फिर से मुझे खिलाया नहीं गया मुझे बहुत बुरा लगा चेहरे पर साफ दिख रहा था, टीम जीत गई तो बाद में जब सब रूम में आए तो पूछने लगे क्या हुआ सुनील भैया ने समझाया देख वर्षिल जरूरी नहीं कि हर मैच में तुझे मौका मिलेगा ही अभी अपन को और भी इंप्रूव करना है।हमारी टीम हार गई।

इंदौर आने के बाद मैं अपनी स्टडी पर फोकस करने लगा क्लब से भैया लोगों का कॉल आया पर मैंने मना कर दिया यह कहकर एग्जाम है।एग्जाम के बाद आऊंगा क्लब।

एग्जाम मार्च से थे मेरे पास 20 से 25 दिन थे तो इतने दिनों के लिए मैं कोचिंग जाने लगा सिर्फ अकाउंट पढ़ने और अपना पूरा फोकस पढ़ने में लगा दिया पर ऐसा लगता था कि कब एग्जाम हो जाए कब बेट पकड़कर बैटिंग करने मिले दूर रहा ही नहीं जा रहा था। ऊपर से वर्ल्ड कप चालू हो गया तो पढ़ाई में और मन ना लगे बार-बार मैच और सबसे ज्यादा सचिन की बैटिंग देखने का मन होता था।

मेरे सारे एग्जाम अच्छे जा रहे थे पर मुझे इकनोमिक समझ नहीं आ रहा था क्योंकि जो सर पढ़ाते वह बहुत बोर करते थे तो हम चारों दोस्त उस समय अपनी बातों में लगे रहते थे। तो इकनोमिक पढ़ने के लिए मैं पीयूष के घर गया वहां पर हमने ग्रुप स्टडी का प्लान बनाया हम सब मिलकर 10 दोस्त थे मुझे छोड़कर बाकी के 9 दोस्तों ने मुझे समझाया और पीयूष बोला ऐसे समझ नहीं आएगा तो वह हर बात पर समोसा का उदाहरण देता जिसमें मुझे जल्दी समझ में आ जाता। जैसे तैसे करके मैंने तैयारी की लेकिन एग्जाम मेरा बहुत अच्छा गया था ऐसे करके मेरे सारे एग्जाम बहुत अच्छे गए।

इधर टीम भारत सेमीफाइनल में पहुंच गई थी मैं अपने घर आ गया था। सेमीफाइनल भारत पाकिस्तान का था दोपहर का समय था

जब सचिन बैटिंग कर रहा था पूरे जबलपुर में रोड पर सन्नाटा छा गया था कुछ देर के लिए। फिर भारत फाइनल में पहुंचा तो पूरे भारत में खुशी थी और जब भारत फाइनल जीतकर वर्ल्ड कप जीता तो मानो पूरे देश में कोई त्यौहार सा हो गया यह एक ऐतिहासिक पल था पूरे देशबासी और क्रिकेट प्रेमियों के लिए।

भारत की जीत ने मेरे अंदर एक अलग ही प्रभाव किया अब मन में भारत के लिए खेलने की एक आग सी लग गई मन में ठान लिया कि अब तो खेलना ही है । पापा से बात हुई कि आगे क्या करना है तो मैंने कहा इंदौर जाकर क्लब जाऊंगा और वही अपनी ग्रेजुएशन भी करूंगा और कुछ दिन बाद ही मैं इंदौर लौट आया। दोस्तों से बात हुई तो कुछ सीए की पढ़ाई कर रहे थे तो कुछ बस बीकॉम करना चाहते थे मैंने भी बीकॉम करने का सोचा एडमिशन जुलाई में थे तो रुक गया।

क्लब जाना शुरू किया तो क्लब में बच्चों का समर कैंप चल रहा था तो सिर्फ बच्चों की प्रैक्टिस होती थी सुबह शाम। मेरे मन में आया अगर बच्चे ही प्रैक्टिस करते रहेंगे तो मैं या बड़े कब करेंगे प्रैक्टिस। इधर बच्चों को पूरा टाइम देना होता था हमें, खुद कुछ नहीं कर सकते थे ।ऐसे में मेरा मन बिल्कुल नहीं लग रहा था मानो बस दिन कट रहे हो ना कोई सिखाने वाला था ना कोई गाइड करने वाला कि आगे जाने के लिए क्या करें।

पापा से कॉल में बात हुई इस बार उन्होंने कहा कहीं बाहर देख लो यहां तो कुछ भी नहीं रखा है ना कोई एमपी का प्लेयर टीम भारत तक पहुंच पाता है ।उनकी यह बात दिमाग में बैठ गई अब मैं अपने क्लब के लड़कों से बात करने लगा कि बाहर का कैसा क्या है सब दिल्ली,मुंबई या बेंगलौर में खेलने का कह रहे थे क्योंकि हर साल यहां से एक दो खिलाड़ी भारत के लिए खेलते हैं। मई आखिरी था समर कैंप के कुछ दिन बचे थे मैंने क्लब जाना बंद कर दिया।

जून में कुछ दिनों बाद रोम्पी भैया इंदौर आए वह मेरे रिलेटिव लगते थे और खुरई के थे मेरी मम्मी खुरई की है वो सॉफ्टवेयर इंजीनियर है और बेंगलौर में जॉब करते है और वह अपने किसी काम से आए थे तो वह हमारे रूम में ही रुके थे। एक दिन हम सब भाई और रोम्पी भैया इंदौर का सबसे फेमस रेस्टोरेंट "गुरु कृपा" गए तभी खाते समय उन्होंने मुझसे पूछा चंचल तुम क्या कर रहे हो तो मैंने उन्हें बताया कि अभी ट्वेल्थ की है पर मैं क्रिकेट खेलता हूं मुझे क्रिकेटर बनना है यह सुनकर वह बहुत खुश हो गए उन्होंने बोला मुझे भी क्रिकेट बहुत पसंद है। बातों बातों में मैंने भैया से पूछा बेंगलौर में क्रिकेट कैसा है मैं वहां आने का सोच रहा हूं भैया से कहा मुझे ज्यादा आईडिया नहीं है पर तुम्हें अगर आना है और कोई हेल्प लगे तो मुझे जरूर बताना।

भैया तो बेंगलौर वापस चले गए थे पर मेरे मन में बेंगलौर जाने का बैठ गया था मैंने अपने पापा को फोन किया और उन्हें सब बताया तो उन्होंने भी बेंगलौर जाने को हाँ कह दिया बस बात थी तो आगे की पढ़ाई की तो यह डिसाइड हुआ कि मैं वहां से बी. काम. करूंगा तो बिट्टू भैया क्लब और कॉलेज दोनों का पता लगाने लगे कॉलेज ऐसा हो जिसमें डेली ना जाना पड़े बस एग्जाम देना पड़े और मैं अपनी प्रैक्टिस करता रहूं। लगभग एक महीने बाद हमें सारी इनफार्मेशन मिली और मैं और बिट्टू भैया बेंगलौर जाने की तैयारी करने लगे।

जाने से पहले हमने रोम्पी भैया को कॉल किया उन्हें सब बताया उन्होंने कहा ठीक है मैं स्टेशन लेने आ जाऊंगा जो भी हेल्प होगी मैं करूंगा। कुछ ही दिन बाद हम दोनों बेंगलौर ट्रेन से पहुँच गए भैया हमें स्टेशन लेने आए उनको हमसे मिलकर बहुत खुशी हुई। और अगले दिन क्लब का पता करने निकल गए क्योंकि कॉलेज में बात हो गई थी, बस वहां जाकर फॉर्मेलिटी करनी थी। लगभग 12 अच्छे क्लब की लिस्ट थी हमारे पास तो सबसे पहले हम "बृजेश पटेल" अकैडमी

गए क्योंकि बृजेश पटेल एक बहुत ही बड़ा नाम है भारत के लिए और बेंगलौर के लिए भी।वहां पता चला कि यहां तो सिर्फ हफ्ते में 4 दिन सोमवार से गुरुवार प्रैक्टिस होती है क्योंकि शुक्रवार शनिवार रविवार ज्यादातर मैच होते हैं तो नेट्स सिर्फ चार ही दिन होती थी। भैया से थोड़ी सी बातचीत हुई मैं बोला मुझे ऐसे कब जाना है जहां सातों दिन प्रैक्टिस होती हो।

फिर हम अगले क्लब गए वहां भी यही था सिर्फ गुरुवार शनिवार और रविवार प्रैक्टिस होती थी। अगला क्लब के. आई.ओ. सी. था (कर्नाटका इंस्टीट्यूट ऑफ क्रिकेट) जैसे ही हम क्लब के बाहर पहुंचे तो बड़े-बड़े पोस्टरों और बैनर लगे थे सबसे बड़ा था रोबिन उत्थपा,फिर मनीष पांडे. मयंक अग्रवाल,करुणा जैन और भी जो कर्नाटक के लिए रणजी या स्टेट के लिए खेलते हैं या खेले थे। सभी के पोस्टर देख मैं और मेरा भाई दोनों आश्चर्य हो गए मेरे मन में सबसे पहले ख्याल आया कहां आ गया मैं इससे अच्छी जगह क्या होगी अगर यहां से नहीं खेल पाया तो फिर कहीं से नहीं खेल पाऊंगा।

क्लब के अंदर जाने के बाद मैं वहां के मैनेजर जाफर सर से मिला उन्होंने सब बताया टाइमिंग, फीस, कोच के बारे में जो की इरफ़ान सर थे और भारतीय महिला टीम के भी कोच रह चुके थे। सारी चीजों ने मुझे और मेरे भाई को इंप्रेस किया और पापा को कॉल करके बताया किस सब जम रहा है फीस भी 20000 साल भर की और क्लब का हॉस्टल भी है तो यहीं रुक भी जाएगा पापा ने भी हां बोला। और मुझे सबसे अच्छी चीज लगी कि 365 डेज प्रैक्टिस होती हैं। के. आई. ओ. सी. फेमस भी इसलिए है कि वहाँ 365 दिन ही प्रैक्टिस और नेट होती है।

हम वापिस रोम्पी भैया के फ्लैट आ गए उनको भी सब बताया फिर रात में वो हमको मूवी दिखाने ले गए जिंदगी ना मिलेगी दोबारा

और मूवी देख कर मैंने भी ठान ली थी कि बस मुझे भी मूवी में जो दिखाया गया है अपनी जिंदगी खुल के जियो जिसमें तुम्हारी लग्न है वही करो वैसी ही लगन के साथ क्रिकेटर बन कर रहूँगा। फिर सुबह हमने ट्रेन की टिकट बुक की और अपने घर वापस आ गए।

घर आकर सब को बताया और वापस बेंगलौर जाने की तैयारी करने लगा सारे रिश्तेदारों में बात फ़ैल गई। मम्मी ने मेरे पप्पू मामा को खुरई कॉल करके बताया की चंचल बेंगलौर जा रहा है क्रिकेट खेलने के लिए यह सुनकर वह तुरंत बोले मेरे दोस्त का लड़का प्रतीक भी तो वही है बेंगलौर में वो भी क्रिकेट खेलता है वहीं पर मम्मी ने कहा था थोड़ी बात करना उससे, फिर चंचल से बात कराती हूँ मैं तुम्हारी। मम्मी ने मुझे बताया कि मामा कोई प्रतीक जैन की बात कर रहे थे मैंने कहा हां मैं तो जानता हूं मेरे साथ पहले बेंगलौर गया था।

अगले दिन मैंने बात की मामा से तो उन्होंने बताया कि प्रतीक के.आई.ओ.सी. में है मैंने कहा मैंने भी वही एडमिशन लिया है क्या आप उसका नंबर देकर मेरी बात करा सकते हैं। मामा ने मुझे नंबर दिया मैंने उससे बात की थोड़ा समझा,पर उसका मन नहीं था मुझसे बात करने में थोड़ा रुक कर बात कर रहा था वह बोला क्रिकेट तो अच्छा सिखाते हैं पर जो करना है अपने दम पर करना है मैंने कहां ठीक है मैं आऊंगा तुम्हें कॉल कर दूंगा।

* * *

# "बेंगलौर में वापसी"

बेंगलौर जाने से पहले मैंने पूरी तैयारी कर ली सारा सामान रख लिया और पूरे परिवार वालों से रिश्तेदारों दोस्त सब से मिल लिया मुझे याद है जिस दिन प्रतीक से बात हुई थी तो उसने मुझे बोला कि बैंगलोर में रहना बहुत महंगा है तो जाने से ठीक दो रात पहले मैं अपने मम्मी पापा को कमरे में था उनसे बात कर रहा था मम्मी समझा रही थी बेटा तुम जा तो रहे हो पर बिगड़ना मत गलत संगतिया में मत लगना मैंने कहा हां मम्मी नहीं लगूंगा फिर पापा से बात होने लगी कि महीने का खर्च छ:हजार से ऊपर आएगा यह सुनकर पापा के चेहरे पर थोड़ी टेंशन देखी मैंने तो पूछा क्या हुआ वो बोले कुछ नहीं,फिर बोले 100000रु साल भर का खर्च है मैंने कहा आराम से हो जाएगा वो बोले ठीक है टेंशन मत लो हमारी चिंता छोड़ दो बस अपना देखना।

11 अगस्त 2011 को मेरी ट्रेन नागपुर से बेंगलौर के लिए थी तो सुबह 6:30 बजे जबलपुर से बस थी नागपुर के लिए, 5:30 बजे उठकर तैयार होकर जाने लगा सब सुबह सुबह उठकर बाहर छोड़ने आए थे सब के पैर छूकर मैं और पापा जबलपुर के लिए गए।बस 6:30 स्टैंड से निकल जाती है जबलपुर से नागपुर की दूरी 275 किलोमीटर है पर रोड खराब होने के कारण छह सात घंटे लगते थे।हम बाईपास पर खड़े थे 7:00 बज गए थे पर कोई बस नहीं आई तो मैंने पापा से मजाक में कह दिया अगली बस जो भी आएगी उसी से निकल जाऊंगा तो वह बहुत जोर से

हंसने लगे और उनका चेहरा मुझे आज भी याद है बस न आने पर मैंने कॉल किया तो पता चला कि बस फेल हो गई है। फिर कुछ देर बाद एक बस आई मैं उसी में बैठकर नागपुर के लिए निकल गया।

पर यह बस भी बहुत रुला रही थी बार-बार राह चलते हुए आदमी तक को चलने का पूछ रही थी। बस ने मुझे 10:00 बजे सिवनी पहुंचाया मैंरे बड़े पापा की बेटी की शादी सिवनी में हुई थी तो जीजा जी से पापा ने बात कर ली थी कि सिवनी में कोई फास्ट बस में मुझे भेज दो जीजा जी ने मुझे दूसरी बस में शिफ्ट करा दिया और उन्होंने कहा 4 घंटे तो सभी बस लेती है सिवनी से नागपुर के लिए जो कि रास्ते में खवासा के यहां एमपी महाराष्ट्र बॉर्डर है तो वहाँ सभी ट्रक बड़े वाहनों की चेकिंग होती और रोड भी सिंगल होने के कारण वहां ट्रैफिक जाम होता ही है। मैंने कहा 2:10 पर मेरी ट्रेन है उन्होंने कहाँ 2:00 बजे तक नागपुर पहुंच जाओगे और बस स्टैंड के सामने ही रेलवे स्टेशन है तो चले जाना जल्दी से।

उस दिन मैं परेशान तो हुआ पर किस्मत ने साथ दिया मैं ठीक 2:10 पर नागपुर बस स्टैंड पहुंचा तुरंत बाहर आकर मैंने कुली किया और कुली को ट्रेन का नाम बताया तो कुली ने दौड़ लगा दी । यह ट्रेन तो शायद निकल गई होगी उसने मेरे बैग उठाया दौड़ने लगा मैं भी उसके पीछे पीछे दौड़ने लगा। ट्रेन 10 मिनट लेट थी ठीक 2:20 पर ट्रेन निकल गई और उसी समय हम वहां पहुंचे मैंने कहा टीटी से ट्रेन रोको तो उन्होंने कहा नहीं रोक सकते ट्रेन 10 मिनट लेट है तो कुली ने कहा आप तो चढ़ जाओ मैं समान चढ़ा दूंगा मैं चढ़ गया और कुली ने भी दौड़ते दौड़ते ट्रेन में मेरे बैग रखा।फिर मैंने उसे पैसे दिए जितनी बात हुई थी उससे ज्यादा दिए।और इस प्रकार बेंगलौर पहुंचने से पहले मेरा स्ट्रगल चालू हो गया।

अगले दिन 3:00 बजे मेरी ट्रेन बेंगलौर पहुंच गई प्रतीक मुझे स्टेशन लेने आया था अपने एक दोस्त के साथ मैं उससे मिला हाथ मिलाया पर वह खुश नहीं था उसका मुंह बना हुआ था ।हम हॉस्टल जाने लगे मैंने प्रतीक से कुछ सवाल किए कुछ पूछा पर वह सही तरीके से जवाब नहीं दे रहा था मुझे समझ नहीं आ रहा था कि वह ऐसा क्यों कर रहा है फिर मैं चुप हो गया। कुछ देर बाद हम हॉस्टल आ गए। 4:00 बजे नेट्स का टाइम था तभी बारिश होने लगी तो हॉस्टल के सारे लड़के वहां थे सब मुझसे मिलने आ गए कि कौन नया लड़का आया है।

मैंने सबको अपने बारे में बताया । क्योंकि बारिश हो रही थी वह सब बैठे थे हंसी मजाक चल रहा था एक लड़का था जो सबकी मजा ले रहा था जिससे कोई कुछ नहीं कह पा रहा था वह था नितिन गुरु, नितिन, प्रतीक, विनय तीनों बहुत अच्छे दोस्त थे लेकिन नितिन की हॉस्टल, क्लब में अच्छी बनी हुई थी उसकी बात सब मानते थे क्योंकि उसका गेम और उसकी बातें दोनों बहुत अच्छे थी।

फिर शाम को हम लोग बाहर खाना खाने के लिए गए मैं,प्रतीक,नितिन और विनय थे तब हमारी बातचीत शुरू हुई तब नितिन बोला वर्षिल क्या करना है मैंने कहा तुम बताओ भाई क्या करना चाहिए। तो नितिन बोला हम तीनों बाहर रूम लेने का सोच रहे हैं तो तुम्हे हॉस्टल में ही रुकना होगा और जब कोई तुम्हारा दोस्त बन जाए या कोई पार्टनर मिल जाए तो तुम भी रूम लेकर रहने लगना क्योंकि हॉस्टल में रहना बहुत महंगा है चोरी अलग होती है हॉस्टल में मैंने कहा ठीक है।

फिर खाना खाकर जब हम रूम वापास जाने लगे तो मैंने उनसे रिक्केस्ट की कि क्या तुम लोग मुझे अपने साथ में रूम में रख सकते हो तब नितिन ने कहा हम लोग डिस्कस करके बताते हैं। हमारे लिए

सबसे बड़ी समस्या थी खाना क्योंकि पूरे साउथ में राईस खाया जाता है सारी डिशेज राइस की बनती है और हम नॉर्थ इंडियन को रोटी ही चाहिए होती है ना हमारा रोटी के बिना पेट भरता है और ना डेली कुछ और खा सकते हैं रोटी तो चाहिए ही होती है। हमारी पहले बात हो चुकी थी कि मुझे खाना बनाना आता है। तो नितिन ने कहा मुझसे कि तुम साथ रह सकते हो पर तुम्हें खाना बनाना होगा और हमें भी सिखाना होगा इसके बाद अगर साथ तुम्हारे हमें जमेगा तो रह सकते हो वरना फिर तुम रूम छोड़ देना ।मैं यह सुनकर खुश था मैंने तुरंत हां कर दी।

फिर हमने यह डिसाइड किया कि जब तक हमें रूम नहीं मिल जाता तब तक मैं हॉस्टल में ही रहूं और कल से प्रैक्टिस करने जाना शुरु कर दूं तो प्रतीक मुझे अगली सुबह इरफ़ान सर के पास ले गया उनसे मिलाने उन्होंने पूछा मुझसे कि क्या नाम है और क्या करते हो मैंने अपना नाम बताया और कहा मैं बैटिंग करता हूं। सर ने कहा ऑफिस जाकर सारी फॉर्मेलिटी पूरी कर लो और आज ही शाम से नेट्स करने आ जाना।

उस समय दो अलग-अलग ग्राउंड में नेट्स होती थी एक ग्राउंड में ऑफिस था और वही पर नेट्स छोटे बच्चों की होती थी और दूसरे ग्राउंड में सारे सीनियर रणजी या स्टेट खेलने वाले प्लेयर की होती थी। प्रतीक, नितिन ने यही कहा था कि तुझे साईं सर या इरफ़ान सर की नेटमें ही खेलना है क्योंकि सारे अच्छे प्लेयर यही खेलते हैं इसी नेट में क्वालिटी है बाकी सारी नेट में बच्चे या ऐसे ही प्लेयर खेलते हैं। तो शाम को मैं भी उनके साथ ग्राउंड गया और साईं सर की नेट के लड़कों के साथ जाकर खड़ा हो गया मैं। जैसे ही नेट चालू हुई सर ने जितने भी नए लड़के थे उनसे पूछा क्या करते हो मैंने बैटिंग कहा सर ने रुकने कहा,जिन्होंने बॉलिंग का कहा तो उनसे बॉलिंग कराना  चालू कर दिया उस दिन मेरी बैटिंग नहीं आई।

हॉस्टल आकर नितिन ने कहा घबराना मत आ जाएगी फिर दो दिन बाद मेरी बैटिंग आई सब क्वालिटी बॉलर थे, मैं उनके सामने स्ट्रगल कर रहा था प्रतीक, नितिन हॉस्टल के लड़के बाकी सब मेरी बैटिंग देख रहे थे सब समझ गए थे कि मुझ में कोई दम नहीं है।नेट्स के बाहर जाने के बाद में साईं सर के पास गया उन्होंने पूछा कहां से आए हो मैंने एमपी कहा फिर उन्होंने बोला कि तुम्हें बहुत ज्यादा सुधार करने की जरूरत है तुम्हें अपनी टेक्निक पर काम करना होगा मैंने पूछा क्या करूं सर तो उन्होंने कहा आज के लिए इतना ही बाकी कल से बताऊंगा।

नेट्स के बाद सब लोग वहीं बैठ कर बातें करते थे हंसी मजाक करते थे सब कुछ ना कुछ बातें बताते मैच की चर्चा करते मैं उस दिन पहली बार सबके साथ बैठा था हॉस्टल आने के बाद सब का मेरा प्रति अलग व्यवहार था और यह मैं समझ गया था क्यों। फिर शाम को हॉस्टल जाने के बाद हम किराए से रूम देखने जाते और एक दिन हमें एक घर मिल ही गया जहां एक बड़े रूम में हम सोते थे एक छोटा सा रूम में हम अपने किट बैग और दूसरे बैग रखते थे और 14 * 6 का छोटा सा किचन था और इतने का किराया 8000 था जो 2000 में बंट गया और सबसे अच्छी बात ग्राउंड के पास भी था।

अगले महीने यानी एक सितंबर से हम चारों रूम में शिफ्ट हो गए और बिग बाजार जा कर खाना बनाने का पूरा सामान और राशन लेकर आ गए। महीने के मुझे ₹6000 आए थे दो हजार किराए में 3000 लगभग समान में लग गए थे अब मेरे पास सिर्फ ₹1000 बचे थे यानी ₹30 दिन के हिसाब से मुझे पैसे खर्च करना था।

अब हमने रूम में ही खाना बनाना शुरू कर दिया पर अभी सिर्फ सुबह शाम दाल चावल ही बनाते क्योंकि टाइमिंग एडजेस्ट नहीं हुई थी और लगभग एक हफ्ते बाद हमने रोटी बनाना शुरू किया था तब

तक यह लोग दाल चावल बनाना सीख गए थे अब मैंने कुछ दिन रोटी बनाना सिखाया और सब्जी बनाना सिखाया लगभग एक हफ्ते बाद यह लोग रोटी सब्जी बनाना सीख गए। इतने दिनों में मेरी भी इनसे अच्छी दोस्ती हो गई हम अच्छे से मिलकर रहने लगे। अब इन लोगों को मेरे साथ रहने में कोई दिक्कत नहीं थी।

के. आई. ओ. सी. में डेली सुबह 6:30 बजे से सेशन स्टार्ट होता है आज भी 6:31 पर अगर कोई आए तो उसे एंट्री नहीं मिलती थी फिर चाहे वह कोई भी स्टेट प्लेयर हो या सर के खुद के बेटे हो। सेशन स्टार्ट होने से पहले ठीक 6:30 बजे सर हमसे कुछ ना कुछ कहते या बताते जो हमारे लिए मददगार होता यह प्रेरित करता अक्सर सर भारत के मैच या अंतरराष्ट्रीय मैच में जो भी अच्छा खेलता या कुछ गलती करता तो सर हम से उसके बारे में बताते और सीखने को कहते।

सोमवार को प्लाइओमेट्रिक, मंगलवार को फील्डिंग, बुधवार को जिम, गुरुवार को बंबू से स्ट्रैचिंग और शुक्रवार को फिर से फील्डिंग।यह पांच अलग-अलग सेशन होते थे जो लगभग 8:00 से 8:30 के बीच में समाप्त होता था। तो एक दिन सेशन के बाद सर ने सारे नए लड़कों को नेट्स कराई जिससे वह देख सके कि कौन कैसा खेलता है मेरी बैटिंग आई मेरे हाल कुछ नए नहीं थे कुछ बॉल ही मैंने खेली थी और सर बीच में ही चले गए थे और अगले ही दिन इरफान सर ने मुझे जूनियर के साथ नेट्स करने भेज दिया।

यहां पर नेट में ना कोई क्वालिटी बॉलर थे और ज्यादातर छोटे बच्चे थे यहां पर नेट करने का मन बिल्कुल नहीं करता था क्योंकि यहां पर सब इधर-उधर बॉल फेंकते थे या बहुत लूज बॉल फेंकते थे जिसमें शॉट मारना बहुत आसान होता था तो नेट के बाद सर कहते तुम तो बहुत अच्छा खेलते हो सीनियर के साथ खेला करो नेट वही

करा करो। मैं रूम आता तो उदास रहता और जब यह तीनों आते तो अपनी नेट्स की बात करते, क्वालिटी क्रिकेट की बातें करते यह सुनकर मैं और उदास हो जाता कि मैं कहां फंसा हूं।

फिर एक दिन नितिन ने कहा की तू ड्रिल किया कर अलग-अलग शार्ट की और सबसे पहले बेसिक कर जिससे तेरी टेक्निक सुधरेगी पर मैं नया था तो कोई मेरा पार्टनर नहीं था तो मैं बस नितिन नॉकिंग करता उसी के साथ जाता और वहां बैठकर देखता कि वह क्या कर रहा है। कुछ दिन बाद प्रतीक के मन में आया वह अपनी बोलिंग की ड्रिल करने के बाद मेरे साथ बैटिंग की ड्रिल करने लगा लेकिन नितिन ने उसे समझाया कि तु बेटिंग में ध्यान मत दे तो प्रतीक ने ड्रिल करना बंद कर दिया।

सर ने सारे नए लड़कों को और हमारे लेवल के लड़कों का प्रैक्टिस मैच करवाया उस दिन मैं अच्छी लय में था अच्छे शॉट खेले मैंने पर 23 रन बनाकर आउट हो गया।सबने एकेडमी आकर कहा कि अच्छा खेल रहा था मैं पर जल्दी आउट हो गया इससे थोड़ा मेरा कॉन्फिडेंस बड़ा और कुछ दिन बाद मुझे पार्टनर भी मिल गया उमेश। उमेश उत्तराखंड का था और उत्तराखंड के कई लड़के थे।हमारी एकेडमी में और एकेडमी में लगभग पूरे भारत से अलग अलग राज्य के बहुत सारे लड़के थे तो हम लोगों की आपस में सबसे अच्छी बनती थी सब अपने अपने स्टेट के बारे में,क्रिकेट के बारे में बताते और मस्ती करते थे।

शाम को मैं और प्रतीक डेली श्वेताम्बर जैन मंदिर जाते थे और जाते वक्त हम सारी बातें शेयर करते और मंदिर के दर्शन करने के बाद एक अंकल थे जो चाट का ठेला लगाते थे।वो यादव थे पर उनको साउथ की सारी भाषा आती थी तो हम उनके यहां डेली चाट खाते थे। उनका हम लोगों के प्रति बहुत लगाव था और हम उनके साथ बहुत हंसी मजाक करते।

तो सुबह सेशन करना फिर नॉकिंग करना 12:00 बजे तक आना, नहाना खाना बना करके खाना 2:00 बजे से 3:00 बजे तक सोना फिर 3:00 बजे ग्राउंड जाकर ड्रिल करना फिर नेट्स रूम आ कर मंदिर जाना, खाना बनाना खाना, फिर घर बात करना, मोबाइल चलाना फिर सो जाना यह हमारा डेली का रूटीन बन गया था। इस दौरान कुछ और प्रैक्टिस मैच खेलने मिले मुझे पर कुछ खास नहीं कर पाया मैं। जब सब से बात करता तो सब यही कहते गेम सुधारना एक अलग चीज है और रन बनाना एक अलग चीज है तो थोड़ा टाइम और देना होगा तुम्हे अभी समय लगेगा तुमको। सब बस यही बात करते और कुछ नहीं होता और मैंने भी मन में यही बैठा लिया था कि अभी और टाइम लगेगा।

अक्टूबर का माह था और इसी माह के अंत में दीवाली थी और सभी जानते हैं भारत का दिवाली सबसे बड़ा त्यौहार है जो लोग अपने परिवार वालों के साथ मनाते हैं चाहे वह दुनिया के किसी भी कोने में क्यों ना हो घर जरूर जाते हैं नितिन, प्रतीक, विनय तीनों दिवाली के लिए घर निकल गए थे मैं दो महीने पहले ही आया था तो मैं घर नहीं गया। मैंने रोम्पी भैया को कॉल किया और बताया कि मैं दिवाली पर घर नहीं जा रहा हूं आप जा रहे हैं क्या उन्होंने कहा नहीं तो मैंने पूछा क्या मैं आपके यहां आ सकता हूं क्या? उन्होंने कहा यह भी कोई पूछने की बात है।

मैं तीन दिनों के लिए रोम्पी भैया के पास चला गया उनकी भी छुट्टी थी तो हम पूरा टाइम साथ रहते और बातें करते बातों बातों में हमारी अच्छी दोस्ती हो गई थी।मैं भैया से सारी बातें शेयर करने लगा था क्योंकि भैया भी क्रिकेट के दीवाने थे तो मुझसे पूछते कि कैसा क्या चल रहा है तो मैंने उनको अपनी सारी परेशानी बताई तो उनका यही कहना था देखो चंचल क्या करना है कैसे करना है यह तुमको पता है। इतनी दूर आए हो तो तुमसे तुम्हारे मम्मी पापा परिवार वालों की

बहुत उम्मीदें हैं। तो तुम्हें कुछ अच्छा करना ही होगा बाकी टेंशन लेने से कुछ नहीं होगा तुम्हें जो भी जरूरत पड़े मुझे बस एक कॉल कर देना मैं तुम्हारे साथ हूं।

साथ ही मैं और भैया हंसी मजाक भी करते थे उनके पास कार थी तो हम उस से बेंगलौर में घूमते थे दिवाली की रात को हम कुछ काम से बाहर गए थे वह रात मुझे आज भी याद है पूरे बेंगलौर में चारों और पटाखे फूट रहे थे आसमान में सिर्फ पटाखों की रोशनी थी एक अलग ही माहौल था भैया ने मुझसे पूछा कैसा लग रहा है चंचल यहां की दिवाली देखकर मैंने कहा भैया ऐसा नजारा तो पहले कभी नहीं देखा पर मेरे लिए तो दिवाली तभी होगी जब मैं भारत के लिए खेलूंगा। और हम मल्टी आ गए हमने पूजा कि और बाहर आ गए फ्लैट से जहां पूरे मल्टी वाले एक साथ बाहर खड़े होकर दिवाली मना रहे थे पटाखे फोड़ रहे थे।

एक दिन हम हॉस्टल में मस्ती कर रहे थे तो मैं दरवाजा रोक के खड़ा था दोनों हाथों से तभी एक लड़के ने दरवाजे पर धक्का दिया तो मेरे लेफ्ट कंधे में धक्का लगा और बहुत तेज दर्द होने लगा तब मैंने किसी को कुछ नहीं बताया था मूव लगाकर काम चला लिया था पर प्रैक्टिस करते समय बहुत दर्द होने लगा और अब ठीक भी नहीं हो रहा था । एकेडमी में भी फिजियो था उसने कहा तुम्हें प्रॉपर ट्रीटमेंट लेना होगा यह सुनकर मैंने कुछ दिन बाद घर जाने की टिकट करा ली और जबलपुर आकर मैंने अपना प्रॉपर ट्रीटमेंट कराया तब जाकर मेरा कंधा ठीक हुआ।

थेरेपी लेने के बाद मैं शहपुरा गया।सब से मिला सब बहुत खुश थे मैं पापा के साथ घंटों बैठा रहता, और बात करता, वह मुझे सब दुनियादारी बताते और मैं उन्हें साउथ का कल्चर बताता। क्रिकेट का भी मैंने उन्हें सब साफ-साफ बताया कि कैसे क्या करना पड़ेगा आगे

बढ़ने के लिए रणजी खेलने के लिए भारत के लिए सब बताया कि मैं अभी कहां हूं और मुझे आगे बढ़ने के लिए क्या-क्या करना होगा। मैं 10 दिन रुका शहपुरा फिर बेंगलौर की टिकट बुक करा ली मैंने जब मैं घर से जाने लगा तो मेरे घर वालों के चेहरे पर दुख और आंखों में उम्मीदें साफ दिख रही थी मुझे रोना तो आ गया था पर मैं खुद को कंट्रोल किया हुआ था नहीं तो सब रोने लगते। जब मैं ट्रेन में बैठा तब घरवालों की याद करके रोया।

# "सबसे बुरा दौर"

बेंगलौर वापस आने के बाद मैंने ठान ली थी कि अब जल्द से जल्द अपना गेम सुधारना और बहुत रन बनाऊंगा और किसी क्लब के लिए खेलूंगा। अगले ही दिन इरफ़ान सर ने सेशन की शुरुआत की और एक बात कही जो मेरे दिमाग में हमेशा के लिए बैठ गई एक अच्छे क्रिकेटर बनने से पहले एक अच्छा इंसान बनो और उसी समय से मैंने ठान लिया था कि मैं इतना अच्छा इंसान बनूंगा कि मेरे साथ कभी कुछ गलत ना हो पर कहते हैं जिंदगी में तो पल पल परीक्षा ली जाती है कुछ वैसा ही मेरे साथ था।

गेम मेरा ठीक नहीं था टेक्निक अच्छी नहीं थी तो नेट के बाद कुछ सीनियर मेरा मजाक बनाते थे या मैंने जो नेट्स में किया उसके बारे में पूछते की करना क्या चाहता था मतलब तू खुद को सचिन समझता है धोनी समझता है। यह सब कह कर मजाक बनाते और मैं चुपचाप सुनता रहता हद तो तब हो गई जब प्रतीक और नितिन भी मेरा मजाक बनाने लगे थे। वो रूम की बातें ग्राउंड में आकर बताते और मेरा मजाक बनाते।

मैं टेंशन में रहता था इतना सोचता रहता था कि मेरा क्या होगा कैसे करूंगा मैं तो टेंशन में रात को या सोते समय नींद में बोलता मुझे बस नकरात्मक सपने ही आते। एक बार सपने में दीदी का एक्सीडेंट देखा और दीदी बोल कर उठ गया। एक बार नींद में हाथों से इशारे करने लगा यह लोग देख रहे थे तो ये बातें सबके सामने बताने लगे मजाक के लिए। मुझे बहुत बुरा लगता था मैं कुछ नहीं कर पाता था

क्योंकि सब सीनियर थे या उनका का गेम अच्छा था तो क्या बोलता मैं उनसे।

मैंने सोचा कि मैं भी मजाक करूंगा मैं कुछ ना कुछ जवाब दूंगा लेकिन मेरे मजाक करने या जवाब देने से उनको बुरा लग जाता,प्रतीक तो मुझसे लड़ने तक लग जाता और गुस्से में कुछ ज्यादा ही कह देता। फिर भी मैं उससे माफी मांगता कि भाई सॉरी ज्यादा हो गया हो तो। यहां तक कि अब दूसरे लड़के खास करके अभिषेक शर्मा जो यूपी का था वह मेरे बहुत मजे लेता था मेरी हर बात का मजाक मेरे तौर-तरीके का मजाक बनाता था और मुझे बहुत चिढाता था। पर मैं उससे कुछ भी नहीं कहता चुपचाप सहन करता रहता था ।पर बाकी सब को बहुत मजा आता खासतौर पर नितिन को जब वह मेरा मजाक बनाता।

इस दौरान मैंने कई प्रैक्टिस मैच खेले पर किसी भी मैच में 40 से ज्यादा रन नहीं बना पाया वो भी एक या दो मैच में रन बनाए होंगे बाकी तो सारे मैच दस बारह रन या जीरो पर आउट हो जाता या गलत आउट दे दिया जाता। मेरे लिए रन बनाने से ज्यादा कठिन था अपने पापा को मैच में कितने रन बताएं यह बताना क्योंकि जब मैं उनको बताता उनको भी बहुत दुख होता। तो जिस दिन में मैच खेल कर आता मानो वो दिन और अगले दो-तीन दिन निकालना बहुत ही कठिन हो जाता किसी से बात तक करने का मन नहीं होता था।

जैसे इंदौर में ए ग्रेड बी ग्रेड था वैसे ही बेंगलौर में फर्स्ट, सेकंड, थर्ड, फोर्थ, फिफ्थ डिवीज़न चलता था। फर्स्ट डिवीजन में सारे क्रीम प्लेयर रणजी प्लेयर तक खेलते थे क्योंकि टीम में सिलेक्शन यहां प्लेयर कैसा परफॉर्मेंस करता है इस पर ही निर्भर करता है। और सेकंड डिवीजन का भी बहुत महत्व था वहां की भी परफॉर्मेंस मायने रखती है।प्रतीक और नितिन फोर्थ डिवीजन खेल रहे थे और ट्रायल

में जाने के लिए किसी भी एक क्लब के लिए खेलना बहुत जरूरी था। उस साल मैं किसी क्लब या टीम के लिए नहीं खेल पाया मैं ना ट्रायल में जा पाया ।के. आई. ओ. सी. एक एकेडमी थी जहां बहुत सारे क्लब की टीम थी। इरफ़ान सर चार टीम के ऑनर थे और बाकी के ओनर भी सर को अपनी टीम मैनेज करने दिए हुए थे। और पूरे एकेडमी सर ही संभालते थे सारे डिसीजन उन्हीं के होते थे कि किसको खिलाना है किसको कौन से डिवीजन की टीम में डालना है।

नया साल आ गया था मुझे नए साल से उम्मीदें थी।नितिन का पार्टनर नहीं था कोई अब तो उसने मेरे से कहा नॉकिंग पार्टनर बनने को मैं उसके साथ नॉकिंग करने लगा उसने मेरी बैटिंग में बहुत सुधार कराया बहुत मदद भी की मेंटल प्रिपरेशन पर, इसके साथ साथ रूम में मेरे साथ बहुत मजाक करता परेशान करता मैं अगर कोई भी बात गलत बोल दूं तो उसी को पकड़कर के मुझे नीचा दिखाता। और बात सुनाता की सोच समझकर बोला करो पर मैं अपनी बैटिंग के कारण उससे कुछ नहीं कहता कि अगर यह मेरे साथ नॉकिंग नहीं करेगा तो मेरा क्या होगा और वो इसी बात का फायदा उठाता।

एक दिन की बात है काम बांटने की बात चल रही थी खाना बनाना, झाड़ू पोछा, टॉयलेट क्लीन करना, सब्जी लाना आदि काम थे। मेरे मुंह से यह बात निकल गई कि ठीक है मैं खाने का काम देख लूंगा क्योंकि मुझे लगा, यह तो कुछ दिन की बात होगी पर इन लोगों ने मुझसे ढाई महीना तक अकेले खाना बनवाया। मैं थका हारा ग्राउंड से आता अकेले सुबह-शाम खाना बनाता। और यह लोग उसके बाद भी खाने में कमी बताते हैं और मेरा मजाक उड़ाते। कुछ दिनों बाद मैं बिल्कुल टूट चुका था और रूम में अकेला था तो रोने लगा कि मेरे साथ यह क्या हो गया है अपने अंदर की बात किसी से कह ही नहीं पा रहा हूं ना क्रिकेट में कुछ अच्छा हो रहा है ना यहां कुछ अच्छा हो रहा है। मेरे मन में यह डर आ गया था कहीं मैं खाना बनाने की बात

करूं तो यह लोग मुझे रूम से ना निकाल दे।अभी-अभी गेम सुधरा है मेरा, नितिन के साथ नॉकिंग नहीं की तो पता नहीं क्या होगा।बस इस डर के कारण मैं चुपचाप सब सहन करते जा रहा था।

अब मैं में 6000 की जगह ₹7000 महीने घर से मंगाया था। पर 7000 भी कम पड़ जाते थे क्योंकि मैच खेलने अलग-अलग ग्राउंड जाते ऑटो का खर्चा बढ़ जाता था और वैसे भी पूरे भारत में बेंगलौर सबसे महंगा शहर है। जिस दिन मैच होता सुबह शाम दोनो टाइम का खाना बाहर ही खाते हैं क्योंकि मैच खेलकर आने के बाद हिम्मत नहीं बचती ना मन करता खाना बनाने का।

अगर मुझे पैसे की जरूरत पड़ती है तो मैं सिर्फ रोम्पी भैया के पास जाता और उनसे ही पैसे मांगता और वह देने से कभी मना नहीं करते।उन्होंने एक बात बताई कि जब वो रीवा में अपनी कॉलेज की पढ़ाई कर रहे थे मेरे मामा तब वही जॉब करते थे तो वह भी मेरे मामा के पास जाकर पैसे लेकर आते थे ।जब घर से आ जाते थे तो उनको लौटा देते थे तो तुम भी ऐसा करना सोचना मत।

सौरभ भैया की शादी फिक्स हो गई थी तो मैं उनकी शादी के लिए घर आ गया। उधर वैसे ही समर कैंप चालू हो गया था तो हमारी ज्यादा नेट नहीं होती थी बच्चों पर ज्यादा फोकस होता था। उनकी शादी 30 मई की थी पूरे महीने मैं तैयारी में लगा रहा और शादी के कुछ दिन बाद बेंगलौर की मैंने टिकट करा ली पापा से मैंने कहा मुझे इस बार ज्यादा पैसे चाहिए बैट खरीदना है जो 5 से 6 हज़ार का आएगा कुछ किट का सामान भी था ।उन्होंने मुझे चुपचाप पैसे दिए किसी को बताए बिना और कहा अभी जाओ महीने के पैसे बैंक ट्रांसफर करवा दूंगा।

बेंगलौर वापस आया फिर मैंने हिम्मत करके प्रतीक से कहा कि मैं अकेले खाना नहीं बना सकता तो यह डिसाइड हुआ कि एक दिन वो लोग खाना बनाएंगे एक दिन मैं खाना बना लूंगा।एक महीने तक

मैंने फिर से एक दिन छोड़ एक दिन अकेले खाना बनाया। जिस दिन इन लोगों को खाना बनाना होता था तो कहते मैच है या बाहर खाना खाने चले जाते। जिससे उनकी बारी में भी मुझे खुद के लिए खाना बनाना पड़ता था।

फिर मैंने उनसे कहा कि मैं अकेले नहीं बना सकता थक जाता हूं तो दो-दो की टीम बना कर खाना बनाने लगे तब जाकर के मुझे कुछ सुकून मिला। इससे मैं नेट्स भी अच्छे से करने लगा मेरे ऊपर से बहुत बड़ी टेंशन चली गई थी और सबसे बड़ी बात मैंने जो अगला मैच खेला उसमें मैंने 52 रन मारे थे एक शानदार पारी थी बिना स्ट्रगल किए।

प्रैक्टिस मैच, क्लब के मैच, कोई भी मैच हो इरफान सर हर मैच का स्कोर देखते थे कोई बहुत अच्छा करता तो सुबह के सेशन में भी उसकी तारीफ करते। अगली सुबह मुझे भी उन्होंने अच्छा खेला कहा।इसी के साथ मैंने भी ठान ली थी कि वापस सीनियर कि नेट्स में आना होगा। मेरी फील्डिंग शुरू से ही बहुत अच्छी थी और जब भी फील्डिंग का सेशन होता था। तो फील्डिंग में छह अलग-अलग स्टेशन थे जहां छह अलग-अलग प्रकार की फील्डिंग होती थी जैसे कि हाई कैच,क्लोज कैच,ग्राउंड फील्डिंग,स्लिप कैच ऐसे करके,हर स्टेशन पर एक कोच होता था।

सेशन पूरा हो जाने के बाद इरफान सर एक एक करके सारे कोच से पूछते हैं कि उनके स्टेशन में सबसे अच्छा किसने किया फिर जिनका नाम आता उनको बुलाकर ताली बजाकर प्रोत्साहित करते। मेरा नाम कोई ना कोई कोच हर सेशन में लेता कभी-कभी तो सारे कोच मेरा ही नाम लेते। शायद यही कारण था कि बैटिंग में सुधार तो था पर फील्डिंग के चलते मुझे सीनियर नेट में एंट्री मिल गई।

एंट्री तो मिल गई पर ज्यादा बैटिंग नहीं मिलती और अगर मिलती भी तो आखिरी में जब सारे अच्छे बॉलर थक जाते थे। और प्रैक्टिस मैच भी सीनियर के साथ खेलने लगा था मौके तो बराबर मिले मुझे पर रन नहीं बन रहे थे। एक दिन तो यह हुआ कि थ्रो फेकते टाइम मेरा दाहिने हाथ के कंधे में दर्द हुआ।जब फिजियो को दिखया तो उसने कहा तुम्हारा कंधा चोटिल है इसमें एक महीने का समय लगेगा जब तक बिल्कुल आराम दो उसे।

मैं यह सुनकर एकदम हिल सा गया यह क्या हो गया है मेरे साथ फोर्थ डिवीजन के मैच आने हैं और मुझे फिर से चोट लग गई जिसमें कम से कम एक महीने का समय लगेगा। उस समय मेरे साथ जो हो रहा था मैं सब चुपचाप सहन करते जा रहा था क्योंकि मेरे पास कोई और उपाय नहीं था। मन में यही आता था कि जितनी बड़ी सफलता उतना ज्यादा संघर्ष शायद मेरी किस्मत में यही लिखा है यह सब सोचकर मैं आगे बढ़ता रहा।

करीब एक महीने बाद मेरा कंधा ठीक हुआ मैं वापस प्रैक्टिस पर आया। वापस फॉर्म में आने में टाइम लगता है। सर मुझे देख रहे थे कि मैं कैसा खेल रहा हूं। एक हफ्ते बाद ही पहला मैच था फोर्थ डिवीजन का तो उससे पहले प्रैक्टिस मैच करवाए गए थे मैंने उन मैचों में भी रन नहीं बनाए पर फिर भी मैं टीम में सेलेक्ट हो गया।

हमारी टीम को टोटल 4 मैच खेलने थे फिर ग्रुप में जो टीम टॉप करती आगे जाती पर हम सिर्फ दो मैच जीत पाए और मुझे सिर्फ एक मैच में ही प्लेइंग मिली।उसके बाद मैं U-19 के ट्रायल में गया 10- 12 बॉल खेली। फिर सिलेक्टर ने पूछा कि क्या नाम है मैंने बताया तो वह समझ गए मैं नार्थ इंडियन हूं तो बोले तुम वहीं से क्यों नहीं खेलते हमारे स्टेट क्यों आए हो अगर तुम लोग यहां आ जाओगे तो हमारे स्टेट के लड़के कहां जाएंगे।

और यही सबसे बड़ी हमारे लिए परेशानी थी क्योंकि साउथ इंडियन हमेशा नॉर्थ इंडियन से चिड़ते हैं।वो हिंदी बोलना पसंद नहीं करते अगर हम हिंदी में बात करें तो कहते कन्नड़ में बात करो। सिलेक्टर ने भी पूछा था कि क्या तुम्हें कन्नड़ आती है तो मैंने कहा सर सीख रहा हूं यहां पर सीधा हिसाब था जो बिल्कुल उत्कृष्ट होंगे खेलने में उन्हीं नार्थ इंडियन को खेलने का मौका मिलेगा या जिनके माता-पिता पहले से यहां रह रहे हो।

पर इतना सब कम नहीं था एक दिन रूम में सब प्लान बना कर आए वर्षिल को समझाएंगे जिसमें जुनैद नाम का लड़का जो सागर का था उसने मेरी क्लास लेना शुरू की  और उस दिन मुझे रुला ही दिया यहां तक कि यह कह दिया की गु बैटिंग है तुम्हारी या तो सुधारो या घर वापस चले जाओ मेरी आंखों में आंसु थे पर मैं उनके सामने तो नहीं रोया पर रात भर मैं रोता रहा कि मेरा क्या होगा मैं और कितनी मेहनत करूं, मैं तो मेहनत कर रहा हूं पर और क्या करूं जिससे रिजल्ट मिले रन बने। और पूरी रात रोते रोते निकाल दी।

✳ ✳ ✳

# "2013 सुनहरा समय"

के.आई.ओ.सी. में अगर कोई सबसे स्मार्ट कोच था तो वो है चेतन बिलियम।चेतन भैया का बताने का तरीका सबसे अलग था बिल्कुल सटीक था और यही चीज़े उन्हें यूनिक बनाती थी मैं उनके पास गया और उनको बताया कि मेरे साथ क्या चल रहा है और अब आप बताएं मैं क्या करूं कैसे सुधार करूं कि रन बने और आप जो बोलेंगे मैं करने को तैयार हूं।

भैया ने सब सुना और दो दिन का समय मांगा वह एक टाइम टेबल बना कर लाए कि मुझे क्या करना है उसमें बैटिंग ड्रिल, अलग-अलग शॉट की प्रैक्टिस सब का टाइम टेबल बना था ।उन्होंने कहा इसको फॉलो करो साथ ही जिम भी जाने को कहा एक्सरसाइज भी बताई और कोई समस्या हो डाउट हो तो मुझसे बात करना।

उन्होंने एक कॉपी बनाने को कहा जिसमें डेली की नेट में मैंने क्या किया कैसा खेला यह लिखने को कहा फिर उसे हर हफ्ते हर महीने जांच करो कहां सुधार आया या क्या सुधारना है और हर मैच में कितने रन बनाए कितने दौड़कर, कितने चौके, छक्के यह सब लिखना है।

मैंने उनकी बताई हुई हर चीज फॉलो करने लगा और उनके पास जा जाकर अपने सारे डाउट क्लियर करने लगा उसका परिणाम यह हुआ कि मेरी बैटिंग एक प्रॉपर बैट्समैन जैसी हो गई टेक्निक एक

क्लास बैटमैन जैसी हो गई साथ ही मैच में रन भी बनने लगे मेरे अंदर एक अलग ही सुधार आ गया था। बैटिंग और मेंटली दोनों में, मेरे अंदर सुधार था।अब मैं खुश रहने लगा था सब से खुलकर बात करने लगा था हंसी मजाक करने लगा था।

अब अभिषेक हमारे साथ रहने आ गया था क्योंकि प्रतीक का अंडर-19 स्टेट कर्नाटका टीम में सिलेक्शन हो गया था। तो अक्सर मैच खेलने में या कोई भी प्लेयर आता उसको बॉलिंग कराने में बिजी रहता तो हमने रूम चेंज कर लिया अब अभिषेक से मुझसे मजाक करता तो मैं भी उससे मजाक करता,मुंह तोड़ जवाब देता और जब मैं मजे लेता अभिषेक के तो नितिन जोर जोर से हंसता जिससे बाजू वाली आंटी को परेशानी होती थी एक दिन यह हुआ अभिषेक को मजाक सहन नहीं हुआ हमारी हाथापाई हो गई रात के 11:30 बजे थे बाजू वाली आंटी ने पुलिस को कॉल कर दिया।पुलिस हम चारों को लेकर थाने ले गयी। फिर हमने भट्टा सर को बुलाया उन्होंने पुलिस वालों से बात की सब ने ₹700 दिए तब जाकर पुलिस वालों ने छोड़ा पर आंटी रेडी नहीं थी एक रात के लिए जेल में रखना चाहती थी पर पुलिस ने समझाया हल्ला करना अपराध नहीं है इस बार छोड़ रहे हैं नेक्स्ट टाइम अगर गलती हुई तो अंदर करेंगे।

इस तरह हम रात को 1:30 बजे अपने रूम आए कुछ दिन बाद नितिन ने कहा तुम और अभिषेक रूम छोड़ दो हम नहीं रखना चाहते तुम दोनों को वरना हमको भी रूम छोड़ना होगा। फिर एक दिन दूसरे के रूम में हमारी बैठक हुई भट्टा सर भी थे। सब मिलाकर 15 लड़के थे मैंने प्रतीक, नितिन से एकदम दबी आवाज में आंख में आंसू के साथ रिक्वेस्ट की कि मुझे रूम से मत निकालो मेरे साइड से कोई गलती नहीं होगी पर वह लोग नहीं माने महीना खत्म होते ही मैंने रूम छोड़ दिया।

और मैं दूसरे लड़कों से रिक्वेस्ट कर उनके रूम में रहने आ गया पर नितिन को यह भी ठीक नहीं लगा उसने शहवान को भी कहा इसे अपने रूम से निकाल दो शहवान का रूम छोड़कर में कुछ सीनियर के रूम में चला गया।

उन्होंने जगह तो दी पर मेरे से पैसे भी लिए और जहां वह लोग दारु पीते थे उसी रूम में मुझे सोने को कहा मैं शुरु से टाइम से सोता वह लोग डेली दारू पीते और हल्ला करते, पर मैं चुपचाप लेटा रहता।

फिर मुझे एकेडमी के एक लड़के विजय जून ने कहा कि वर्षिल तुम हमारे रूम में आकर रह सकते हो वहां पर सारे उत्तराखंड के लड़के रहते हैं उनमें से कुछ दोस्त आज रणजी में खेल रहे है जैसे कि सौरभ रावत दिक्षान्शु नेगी। और खाने के लिए मैंने चाट वाले अंकल से टिफिन लगवा लिया।

इधर इरफान सर ने मुझे बुलाया और कहा कि तू बस 30-40 रन ही बनाता है बड़ा स्कोर कब बनाएगा हर मैच में रन कब बनाएगा। मैं चुप था कुछ नहीं कहा, मुझे पता था सर मेरे भले के लिए कह रहे थे। इरफान सर को सब गलत कहते थे गाली भी देते थे पर उन्होंने मुझे कभी गलत नहीं कहा कभी गाली देकर बात नहीं की 3 साल में मैं सुबह के सेशन में सिर्फ तीन बार लेट हुआ फिर भी उन्होंने मुझे एंट्री दी जबकि वह अपने बेटे तक को एंट्री नहीं देते थे।

और इसके बाद से मेरा सुनहरा समय आ गया अब मैं लगभग हर मैच में रन बनाता और दूसरे या तीसरे मैच में अर्धशतक और बड़ा स्कोर भी मारता।इरफान सर ने के आई.ओ.सी. का टूर्नमिंट कराया जिसमें सारे लड़कों को मिलाकर सीनियर्स को जोड़कर आठ टीमें बनी मैं, विजय जून की टीम में था हमारी टीम का नाम था के. आई.ओ.सी स्लैमर।

हमारी टीम सारे मैच जीतती जा रही थी और मैं हर मैच में रन बना रहा था साथ ही टूर्नामेंट का टॉप स्कोरर भी था पर सर ने बीच में छोट्टू भैया को खिलाया वह अकेडमी के सबसे पुराने और सीनियर प्लेयर्स थे। वह पांच मैच पाँच सेंचुरी मार के आगे निकल गए थे। पर हमारी टीम सेमीफाइनल पहुंची और इस टूर्नामेंट में मैंने अपनी नई स्किल खोजी दो मैच बाद मैंने आगे के सारे मैच में विकेट कीपिंग की और सच में बहुत अच्छी की ।साथ ही हमारी टीम ने टूर्नामेंट भी जीता।

मेरा नाम भी एकेडमी में फेमस हो गया था सब मुझे थोड़ी रिस्पेक्ट देने लगे थे साथ ही हम बाहर के कारपोरेट मैच खेलने जाते तो वहां भी मैं बहुत रन बनाता था। अब फर्स्ट सेकंड थर्ड डिवीजन के मैच शुरू होने थे पर तभी फिटनेस करते समय मेरे उल्टे हाथ का अंगूठा फैक्चर हो गया मैं फिर से एक महीना तक प्रैक्टिस से दूर था, ठीक होकर आया तो सर ने मुझे प्रैक्टिस मैच के लिए भेजा सारे जूनियर बच्चे थे मैं पहले ओवर में आउट हो गया मुझे इतना बुरा लगा कि मैं ग्राउंड छोड़कर रूम में आ गया।

अगले दिन सर ने मुझे बुलाया और डांटना चालू किया कि तू ग्राउंड छोड़कर कैसे आया ज्यादा बड़ा प्लेयर बन गया है क्या?मेरे पास कोई जवाब नहीं था परिणाम यह हुआ कि उन्होंने मुझे थर्ड डिवीजन नहीं खिलाया। पर मेरी बैटिंग लगातार सुधर रही थी और मैचों में भी रन बना रहा था तो उन्होंने मुझे फिफ्थ डिवीजन खिलाया क्लब का नाम तक कैंब्रिज। यह टीम सर की खुद की थी तो उनको कैंब्रिज को फिफ्थ से फोर्थ डिवीजन में लाना था इसलिए उन्होंने सारे यंग और बेस्ट लड़के खिलाए।

मुझे आज भी याद है मैं मैच के एक दिन पहले हमारी टीम की कैंब्रिज की ड्रेस मिली, सफेद लोबर टीशर्ट जिसे पहनकर मैं अपने

रूम वालों के बीच में गया और खुशी मनाने लगा की एक दिन ऐसे ही भारत की ड्रेस पहनूंगा। हमारी टीम शानदार थी तो हमारी शुरुआत भी अच्छी हुई मैंने 62*, 22*, 47, 113 रन बनाए और हम नॉकआउट राउंड में पहुंच गए थे। अब पेपर में भी न्यूज़ आती जिसमें लिखा होता कैंब्रिज की जीत में वर्षिल मोदी चमके। इससे मेरा नाम सारे एकेडमी में हो गया था सब मुझे जानने लगे थे।

प्री क्वार्टर, क्वार्टर, सेमीफाइनल मैच में मैं बस 20-30 रन ही बना पाया। इरफान सर ने मुझसे पूछा क्या हुआ भाई मैंने कहा कुछ नहीं सर सब सही चल रहा है पता नहीं रन नहीं बन रहे। उन्होंने कहा कोई बात नहीं। और फाइनल में मैंने 69 रन बनाए पूरी टीम एक ओर से आउट हो रही थी मैं बस खेलता रहा जब लास्ट विकेट बचा था तो रन बनाने के लिए मैं भी आउट हो गया। हमारी टीम मैच हार गई थी पर टीम फोर्थ डिवीजन में प्रमोट हो गई थी।

अब मैं अंडर-19 टीम के लिए क्वालीफाई नहीं कर सकता था मेरी उम्र 20 साल हो गई थी मेरे पास सिर्फ अंडर 22 टीम में जाने का मौका था। इसके साथ मुझे अब सीनियर नेट्स में कर दिया गया। यहां तक की वीनू गोपाल समर्थ हेगड़े जो कोच थे सीनियर नेट्स के उन्हें मेरी बैटिंग इतनी पसंद थी कि मुझे हमेशा पहले बैटिंग करने देते थे मैंने अक्सर मयंक अग्रवाल, गणेश सतीश, अमित वर्मा, श्रेयस, गोपाल, उदित पटेल, देवदत्त पड़ीकल्ल यहां तक के एनसीए में इशांत शर्मा तक के साथ नेट्स की है।

# "आखिरी साल बेंगलौर में"

जिस हिसाब से मेरा नाम चल रहा था जितनी उम्मीद मुझसे सब की थी उस हिसाब से मैंने सोच रखा था कि इस साल ही U-22 में जरूर खेलूंगा। 2014 का साल का सर ने मुझे थर्ड डिवीजन खिलाया। उससे पहले हमारे बहुत सारे प्रैक्टिस मैच हुए, एक टीम का कैप्टन मुझे बनाया इन मैचों में भी मैंने बहुत रन बनाए।थर्ड डिवीजन शुरू होने से पहले हम पूरी टीम एकेडमी गए जो हर टीम जाती है या कैप्टन जाता है डिस्कस करने की किस को खिलाना है, किसको नहीं। और वहां जाकर मुझे पता चला कि टीम का कैप्टन में नहीं दूसरा लड़का है। यह सुनकर में सुन्न सा रह गया एक जोरदार झटका लगा मन में यह आया कि जब कैप्टन उस लड़के को बनाना था तो मुझे प्रैक्टिस मैचों में कैप्टन क्यों बनाया।

फिर बाद में मुझे पता चला कि वह मुझसे सीख सके कप्तानी इसलिए नहीं बनाया था, लेकिन उसका परिणाम यह हुआ कि मुझ से शुरू के 4 मैचों में रन नहीं बने हालांकि मैच के दौरान कप्तानी मैं ही करता क्योंकि उस लड़के को समझ ही नहीं पड़ती की क्या करना है। फिर मुझे दो मैच के लिए नहीं खिलाया हमारी टीम लगातार हार रही थी तो अगला मैच हमारी ही एकेडमी के दूसरे क्लब से था उस मैच में मैंने अपनी पूरी खुन्नस निकालने एक तूफानी पारी खेलते हुए मैंने मात्र 18 बॉल पर 40 रन बनाकर आउट हो गया।

कुछ इतने बेहतरीन शॉट खेले कि वह मुझे आज भी याद है। हमारी टीम यह मैच जीत गई थी पर टीम फोर्थ डिवीजन में डिमोट ना हो जाए। तो इरफ़ान सर ने डेविड जॉनसन को बुलाया हमारी टीम

को लीड करने, डेविड जॉनसन ने भारत के लिए दो टेस्ट मैच खेले हैं और उस समय वह लगभग 150 स्पीड से बॉलिंग करते थे उनके आने के बाद हमारी टीम मैच जीतने लगी मेरी बैटिंग देखने के बाद उन्होंने मुझसे पूछा कि कितने साल के हो तो मैंने 21 साल का कहा। वह बोले तुम अंडर-19 नहीं खेले, मैंने नहीं कहा। वो बोले जिस हिसाब से खेलते हो खेल जाना चाहिए था।

एक लास्ट मैच बचा था हमारा हमारी टीम डिमोट होने से बच गई थी अब तक 10 मैच हो गए थे, मैंने 8 मैच खेले थे जिसमें 40 रन तीन बार बनाए बाकी के मैच में 10-20 रन बनाए मैं, चेतन भैया के पास लगातार जा रहा था उनसे पूछ रहा था की रन नहीं बन रहे क्या करूं वह कोई न कोई उपाय बताते पर कुछ काम नहीं कर रहा था लास्ट मैच के पहले गया तो उन्होंने कहा अब कुछ नहीं कर सकते सब ऊपर वाले के हाथों में है। लास्ट मैच में हमारी टीम को 327 रन का टारगेट मिला था। पर इतना बड़ा टारगेट था कि सबको स्पीड से रन बनाना था मैंने भी यही किया पर मैं 27 रन बनाकर आउट हो गया।

मैंने घर जाने की टिकट पहले ही बुक कर ली थी कि मैच के बाद कुछ दिनों के लिए घर आऊंगा और मैं इतना ज्यादा हताश था मुझे उम्मीद थी कि अगर शतक मारूंगा तो मेरा चांस बनता है अंडर 22 की टीम में, पर ऐसा नहीं हुआ मैंने अपना मन बना लिया बंगलौर छोड़ने का, घर हमेशा के लिए जाने का किसी को नहीं पता था कि मैं ऐसा करने वाला हूं अब टीम ग्राउंड से अकेडमी वापस आ रही थी उस दौरान में यह सब सोच रहा था और जैसे ही मैंने यह डिसाइड किया कि मैं बैंगलोर छोड़ रहा हूं मेरी आंखों में आंसू आ गए।

मैं एकेडमी आया इरफान सर को बताया कि कुछ दिनों के लिए घर जा रहा हूं सर ने कहा बस यही खराबी है तुम लोगों में बार-बार घर जाते हो मैंने कहा सर जल्दी आ जाऊंगा उन्होंने कहा ठीक है।

और मैं अपना सामान पैक करने लगा तभी अभिलाष आया जो मेरा बहुत अच्छा दोस्त है उसने पूछा तू घर जा रहा है तो सारा सामान क्यों ले जा रहा है मैं चुप था तो वह समझ गया और कहा भाई ऐसा मत कर मैंने कहा भाई मेरा अब मन नहीं करता।

रात की ट्रेन थी मैं ऑटो से स्टेशन के लिए निकल गया अभिलाष मुझे छोड़ने आया ऑटो तक हम गले मिले अभिलाष की आँखे नम थी मैंने उससे एक ही बात कही भाई मुझे टीवी में देखना है तुझे।15 अगस्त 2014 पर दिन आखिर दिन था मेरे लिए और इस प्रकार मैंने बंगलौर को और लगभग क्रिकेट को अलविदा कह दिया।

***

# "घर वापसी"

मैं जैसे ही घर पहुंचा पापा ने मेरा किट बैग देख लिया और बोले दादी से कि यह हमेशा के लिए आ गया है वापस नहीं जाएगा।फिर जब हमारी बात हुई उन्होंने पूछा मुझसे छोड़ दिया क्या बंगलौर मैंने हां कहा, तो पूछे -क्यों मैंने कहा अंडर 22 में जा नहीं सकता मेरी उम्र भी हो रही है अब बस रणजी बचा था मेरे लिए उसमें पहले से ही बहुत कंपटीशन है तो पापा ने पूछा क्या करोगे आगे मैंने कहा देखते हैं तो वो टेंशन में आ गए फिर मैंने कहा अभी आगे की पढ़ाई बाकी है।

मैंने उनको तो शांत कर दिया पर मेरा बहुत बुरा हाल था मैं क्रिकेट खेले बिना रह नहीं पा रहा था क्योंकि क्रिकेट मेरा सपना, मेरा पेसन, मेरा प्यार, मेरा जीवन सब कुछ था और जब यह सारी चीजें आपसे दूर चली जाए तो क्या होता है आप समझ सकते हैं ।फिर मैंने शंका समाधान देखना शुरू किया प्रमाण सागर महाराज जी की बातों से मुझे जीवन जीने की नई दिशा मिली तो समझ आया कि जीवन क्या है, कर्म क्या है, धर्म क्या है।

अब मैं अपने पापा भैया के साथ व्यापार में हाथ बटाने लगा फिर पापा ने एक दिन पूछा कि क्या करना है मैंने बोल दिया कि अब तो व्यापार ही करना है उन्होंने समझाया कि इसमें इतना स्कोप नहीं है तो मैं मानने को तैयार नहीं था तो उन्होंने कहा ठीक है मैं तुम्हें अलग कर देता हूं ले लो अपना हिसाब तो यह सुनकर मैं चुप पड़ गया। फिर मैंने बिट्टू भैया से बात की उन्होंने बताया कि बैंक के एग्जाम की प्रिपरेशन करो मेरे दिमाग में आया सही है अगर एग्जाम निकल गया

तो जॉब भी हो जाएगी और बैंक की टीम से क्रिकेट भी खेल सकता हूं।

और फिर सब पता करने मैं इंदौर गया कोचिंग का पता किया तो पता चला महिंद्र बैंकिंग में टॉप कोचिंग है और फिर मैंने वहां जाकर सब पता किया और मुझे सब सही लगा।अब घर जाकर पापा को सब बताया वह भी रेडी हो गए और दिवाली के बाद मैं इंदौर आ गया।

कोचिंग में नया बैच शुरू होने में टाइम था और गौरव भैया तभी इंदौर में जॉब करते थे। पर वह काम से बाहर गए थे तो मैं कुछ दिनों के लिए नीरज भैया के रूम में रहने लगा। फिर मैं अपने पुराने क्लब श्रीराम स्पोर्ट्स क्लब गया वहां जाकर कुछ भैया लोगों से बात की सब बताया कि मेरे 3 साल कैसे रहे बैंगलोर के।और अब में वापस आ गया हूँ क्लब जॉइन करने।

फिर मैं अपने एक रिलेटिव के यहां गया उनको बताया कि मेरा आगे का प्लान क्या है बैंक में जाने का सोचा है सब बताया, तो उन्होंने मुझे बहुत हताश किया।वह बैंक के जॉब की बुराई करने लगे। एग्जाम बहुत टफ होता, बहुत ब्रिलियंट लोग ही एग्जाम निकाल पाते हैं तुम्हारे बस की बात नहीं अगर कोई क्लर्क बन भी गए तो क्या अच्छा लगता है, और भी बहुत कुछ सुनाया कि मैं बहुत उदास हो गया। फिर बाद में भैया भाभी ने समझाया कि चंचल उनकी बातों पर ध्यान मत दो तुम तो आगे बढ़ो बस।

✳ ✳ ✳

# "पी. ओ. बनने का सफर"

जीवन में वह पहले नहीं थे जिन्होंने मुझे हताश किया हां और भी बहुत लोगों ने हताश किया है पर मैं निरंतर बढ़ता गया। और फिर मैंने क्लब जाना शुरू कर दिया अब मेरी बैटिंग का लेबल अलग ही था, सबको नेट में साफ दिख रहा था यही देखते हुए टी-20 टूर्नामेंट में मुझे टीम ने ओपनिंग करवाई, हालांकि मैं जल्दी आउट हो गया था पर भैया लोगों को पता था कि अब मैं एक अच्छा बैट्समैन हूँ।

कुछ दिन बाद मैं कोचिंग भी जाने लगा। कोचिंग में धीरे-धीरे सब समझ आने लगा पर जैसे ही लेवल बढ़ा मुझे समझ आना बंद हो गया खासतौर पर मैथ में क्योंकि दसवी के बाद मैंने मैथ नहीं पढ़ी थी।मुझे सबसे ज्यादा परेशानी इसी में आती थी पर मैं भी लगातार क्लास जा रहा था पर धीरे-धीरे मैथ का लेवल देखकर मैं घबराने लगा था और हार मानने लगा था कि मेरे बस की नहीं है पढ़ाई। पर मैं किसी से कुछ नहीं कह सकता था क्योंकि अब सब कहते ये नाटक कर रहा है।

मैं सुबह उठकर मंदिर जाकर अभिषेक करता फिर 7:30 बजे कोचिंग के लिए निकल जाता मैं उस समय गौरव भैया के साथ विजय नगर में रहता था और महिंद्र कोचिंग सपना संगीता में थी लगभग 8 से 9 किलोमीटर दूर। 8 से 10 कोचिंग का समय फिर कोचिंग से आने में टाइम लगता है क्योंकि ट्रॉफिक मिलता लौटते टाइम 11:00 बजे

के बाद ही आ पाता है फिर खाना खाने जाता मैं, और खाना खाने के बाद सो जाता मैं।

फिर ठीक 1:00 बजे उठकर पढ़ने बैठ जाता जो भी कोचिंग में पढ़ाया जाता फिर 3:30 क्लब के लिए निकल जाता 4:00 से 6:30 क्लब में रहता  ।फिर रूम आता खाना खाने जाता मंदिर जाता और ठीक 8:00 बजे फिर से पढ़ने बैठ जाता और रात को 11:00 बजे तक पढ़ता।यह मेरी दिनचर्या हो गई थी कुछ दिनों के लिए।

मैंने फैकल्टी से बात की वह बस कहते कि दिनभर पढ़ो बस पढ़ते रहो सब हो जाएगा। और उनसे जितना पूछो उतना ही बताते थे। क्लास में जब फैकल्टी पढ़ाती, और बच्चे जल्दी जल्दी उत्तर देते या प्रश्न सॉल्व कर लेते तो और बुरा लगता है की यार उनको आता है मुझे कब आएगा मेरी स्पीड कब आएगी। यह सब दिमाग में इतना चलता था कि मैं अब धीरे-धीरे टेंशन में आने लगा था और इसका साफ असर मेरी बेटिंग में दिख रहा था क्लब में मैं फिर खो जाता था, टेंशन वाला चेहरा देखकर सब पूछने लगते वर्षिल कोई प्रॉब्लम है क्या।

उस समय तो मैं कुछ नहीं कह पाता पर इसका उपाय कुछ समझ नहीं आ रहा था। सबसे बड़ा सिरदर्द बना था मेरे लिए वह था मैथ। ना कोचिंग में समझ आती ना घर आकर ज्यादातर तो सोना आ जाता था। और ऐसा करते दो महीने हुए जा रहे थे फिर 28 दिसंबर को क्लब की ओर से उज्जैन टूर्नामेंट खेलने गए, मैं टीम का कैप्टन था और टॉस जीतकर टीम ने पहले बैटिंग करने का निर्णय लिया।

मैं ओपनिंग करने गया 20 ओवर का मैच था और विकेट मैटिंग वाला था तो बॉल रूककर आ रही थी मैं संभल कर खेल रहा था पर रन बनाते जा रहा था पर दूसरे छोर से विकेट गिरते जा रहे थे 14वें

ओवर में मेरा अर्धशतक हो गया था।फिर आखिरी पांच ओवर में मैं तेज़ खेलने लगा तो मुझे गलत आउट दे दिया गया और मैं 52 बनाकर आउट हो गया जैसे ही मैं ग्राउंड से बाहर आया तो सुनील भैया से पूछा कि भैया कैसी थी मेरी आज की बैटिंग उन्होंने कहा "ठीक थी पर तू फँसकर खेल रहा था" यह सुनते ही मुझे बहुत बुरा लगा मेरी समझ नहीं आ रहा था कि अब और क्या करूं।

हम मैच तो जीत गए थे पर मेरे अंदर खुशी नहीं थी जब हम लौट रहे थे कार से तो सुशील भैया ने पूछा वर्षिल क्या हुआ तू खुस नहीं आज की जीत से मैंने कहा- कुछ नहीं भैया बस यूं ही और उनकी बात को टाल दिया। अगले दिन 29 दिसंबर की तारीख थी कोचिंग में पता चला कि 30 दिसंबर से 5 जनवरी तक कोचिंग की छुट्टी है ।तो छुट्टी के लिए बहुत सारा होमवर्क दिया गया पर मैं तो समझ ही नहीं पा रहा था कि करूंगा कैसे पर घर आने के बाद मैं मानो कहीं खो गया और यह सोचते सोचते कि आगे क्या करूं।

यही सोचते सोचते मैं क्लब पहुंच गया,आम तौर पर हम क्लब में अक्सर बातें करते और हंसी मजाक करते पर मैं खोया हुआ किसी की कोई भी बात पर रिप्लाई नहीं दे रहा था तभी जब हम विकेट पर रोलिंग कर रहे थे सुशील भैया ने पूछा क्या हुआ वर्षिल कुछ दिनों से परेशान दिख रहा है क्या बात है बताओ तो सही फिर मैंने कहा भैया मैं बहुत परेशान हूं समझ नहीं आ रहा है कि क्या करूं। और मैं बता भी नहीं सकता उन्होंने कहा ठीक है घर जाना है तो चले जाओ मैं तुरंत अपने रूम आया, घर वापसी की टिकट करा ली और अपने घर से शहपुरा आ गया वैसे भी कोचिंग की सात दिन की छुट्टी थी।

मैं घर आया अधर में भी उदास था सब समझ गए थे सब पूछ रहे थे।फिर हम सब भाइयों का कुंडलपुर जाने का प्लान बना शाम को हम सब कुंडलपुर के लिए रवाना हुए और रात को 12:00 बजने से

पहले बड़े बाबा के पास पहुंच गए, बड़े बाबा के दर्शन करते ही एक अलग ही मन को संतुष्टि मिली।भगवान को नमोस्तु कर मैंने कहा बड़े बाबा अब आप ही मेरा कल्याण है करो मुझे रास्ता बताओ।

बड़े बाबा के दर्शन करने के बाद ही मेरे मन को शांति मिली मुझे उम्मीद थी हां अब सब ठीक होगा फिर मैं घर आया। घर में पापा से बात की और सब उनको बताया कि पढ़ाई में यह चल रहा है। अभी मैं बहुत पीछे हूँ मुझे बहुत मेहनत करनी पड़ेगी। रात को अपने दादी के साथ बैठकर उनसे बात करने लगा हम अक्सर घंटो बाते करते थे।सोते समय उनके पैर दबाता और डेली सुबह उठकर पैर छूता वो डेली सुबह उठकर भगवान का नाम लेती और बाद में कहती चंचल की जॉब लग जाए। घर में मैं उनको सबसे प्रिय हूँ और वो मेरे सबसे प्रिय है।उन्होंने मुझे समझाया के भगवान का नाम लेते रहो सब ठीक हो जाएगा।

फिर मैं इंदौर आ गया और अपनी डायरी में लिखा कि मैं क्रिकेट खेलना छोड़ रहा हूँ और क्लब जाना भी छोड़ दिया।बस यही दिमाग में रखता कि अब से जल्द से जल्द पढ़ाई करके एक्जाम निकाल लूंगा। दिन भर मैंने सोचा कि अब क्या करूू किससे बात करू, कैसे तैयारी करूू तो मैंने सोचा ऋषि सर के पास जाता हूं उन्हीं से सब पूछ लूंगा कि क्या करना है क्योंकि सर ज़ी.ए. (जनरल अवेयरनेस) पढ़ाते थे जिसमें देश, विदेश, अर्थशास्त्र आदि टॉपिक आते हैं। जिसमें मुझे बहुत इंटरेस्ट है और सर का पढ़ाने का तरीका भी इंटरेस्टिंग था और सर की बात करने का तरीका भी अलग है।

ठीक 6 जनवरी को क्लास होने के बाद मैं सर के पास गया और कहा सर मैं बिल्कुल सीरियस हूं अपनी स्टडी को लेकर आप जैसा बोलेंगे मैं करने को तैयार हूं बस मेरा एग्जाम क्लियर करवा दीजिए। मेरे चेहरे के हाव-भाव बिल्कुल ऐसे थे जैसे मैं किसी से कुछ मांग रहा

हूं।यह सुनने के बाद सर हँसे थोड़ा और कहा क्लास पूरी हो जाने दो फिर आना तब बताऊंगा।कुछ दिन और क्लास चली, तब तक मैं बस जो पढ़ाते उसे समझता बाकी मैं इंतजार करता कि कब क्लास होगी पूरी सर के पास जाऊंगा वह बताएंगे फिर पढ़ूँगा।

और क्लास का आखरी दिन भी आ गया मैं सर के पास गया उनसे पूछा सर आप बताइए क्या करना है। सर ने मुझ से कॉपी पेन मांगा और एक छोटा सा टाइम टेबल बना दिया और कहा इसके हिसाब से तैयारी करो साथ ही यही कोचिंग आकर ऑनलाइन टेस्ट दो। उस समय मेरा एक दोस्त बन गया था अरुण मैं उसके रूम में जाकर साथ में पढ़ा करते। अरुण को मैथ अच्छे से आती थी तो वह मेरी बहुत हेल्प कर देता था और बाकी के सब्जेक्ट में भी इम्प्रूव करता जा रहा था लगभग 15 दिन की मेहनत के बाद कुछ असर टेस्ट में दिखने लगे जब मार्क्स अच्छे आने लगे, सर को भी जाकर दिखाया तो सर भी खुश हुए और कहा ऐसे ही मेहनत करो जो समझ ना आए वो पूछ लेना।

पर यह जीवन है यह एक समान कुछ नहीं चलता अगले ही हफ्ते घर से कॉल आया सौरभ भैया का, कहा मेरे पापा की तबीयत खराब है तुम घर आ जाओ। रात को बस से निकल गया और सुबह घर आ गया। घर आके पता चला कि मेरे पापा की दिमाग की स्थिति ठीक नहीं है कुछ नसों में दिक्कत थी जिसके कारण इनको सिर में दर्द होता था ।मैं जैसे ही उनके पास गया वो खुश हो गये और कहां बेटा आ गए। मैं उनके पास बैठ गया और हम बातें करने लगे।और लगभग 2 महीने बाद उनकी स्थिति में सुधार आया और वो नॉर्मल हुए।

पर तब तक मेरे दिमाग में बैंक की जॉब का निकल गया था। बस यही था कि अब घर रह कर पापा की सेवा करनी है और घर के व्यापार में ही हाथ बटाऊंगा पर बिट्टू भैया ने कहा तुम एमबीए कर लो।दो साल की पढ़ाई है अच्छे कॉलेज से करोगे तो अच्छी जॉब भी

लग जाएगी। भैया ने पापा को भी कह दिया तो वह भी रेडी हो गए पर मेरे दिमाग में आया क्यों न एमबीए की पढ़ाई के साथ-साथ बैंक के एग्जाम की पढ़ाई शुरू कर दूँ तो पापा भैया दोनों इसमें रेडी थे।फिर इंदौर आकर कॉलेज में एडमिशन ले लिया इसके बाद मुझे कुछ फॉर्मेलिटी और फीस भरने के लिए बुलाया गया।

अगस्त 13 को कॉलेज में इंट्रोडक्शन था जिसमें सभी नए स्टूडेंट को बुलाया गया स्वागत हुआ कॉलेज के बारे में बताया गया और बाकी की सारी फॉर्मेलिटी हुई। तभी कार्यक्रम के समय एक गेस्ट मैडम थी उन्होंने एक बात कही कि जब हम होटल में खाना खाने जाते हैं बिना खाए बिल भी नहीं भरते तो कॉलेज में ऐसा क्यों करें फिर बिना पढ़े फीस क्यों भरे। इसलिए आप सभी डेली आकर पढ़ाई करें। यह बात मेरे दिल को छू गई है और मैं सिर्फ 4 दिन के लिए इंदौर आया था पर मेरा मन वहीं रुक कर कॉलेज जाने का हो गया।

मैं राम के रूम में रुका था मेरे साथ राम ने भी एमबीए के लिए कॉलेज में एडमिशन लिया था ।फिर मैंने अपने पापा को कॉल किया और कहा मैं यही रहूंगा और रोज़ कॉलेज जाऊंगा, रक्षाबंधन की छुट्टी रहेगी तो घर आकर कपड़े और बाकी का सामान ले जाऊंगा।

❋ ❋ ❋

# "कॉलेज लाइफ"

कुछ दिन बाद कॉलेज स्टार्ट हो गया था कॉलेज दूर था तो सब बस से जाते थे, एमबीए में मेन फोकस एक स्टूडेंट की विशेषताएं एवं कुशलता पर होता है और मेरे कॉलेज का फेकल्टी ज्यादा ध्यान इसी पर देती थी।पढ़ाई तो ठीक-ठाक थी और बच्चों का मन लगा रहे इसलिए कोई न कोई एक्टिविटी, गेम कंपटीशन होते रहते थे। और ऐसे मौके मैं भी नहीं छोड़ रहा था मैं हर बार हर चीज में सबसे आगे रहता खुद की विशेषता एवं कुशलता पर ध्यान देता।

जन्माष्टमी का त्योहार कॉलेज में मनाया गया तो उस त्यौहार के लिए टीम बनाई गई।एक टीम का कप्तान में था और हमारी टीम में से मैंने हांड़ी तोड़ी तो तब से मेरी छाप पूरे कॉलेज की फेकल्टी एवं स्टूडेंट पर पड़ गई और फिर मैं घर जाकर अपना सारा सामान ले आया और कॉलेज जाने में मेरा मन लगने लगा धीरे-धीरे सब दोस्त बन गए थे कॉलेज में और बस में हम सब मस्ती करते हुए जाते।

घर से आने के बाद मैं राम, गौरव, और युवराज हम चारों विद्यासागर के थे मिलकर एक फ्लैट ले लिया और वहाँ पर शिफ्ट हो गए। मैं सुबह अपना कॉलेज जाता तो यह तीनों लाइब्रेरी जाते पढ़ने के लिए यह तीनों सीए की प्रिपरेशन कर रहे थे। मुझे कॉलेज में अच्छा लगने लगा था क्योंकि वहां मुझे एक अलग ही रिस्पेक्ट मिलती थे फेकल्टी से। "टीचर्स डे" पर हम लोगों ने कुछ प्लान किया जिसमें मेरा प्लान था कि कॉलेज में जितने भी फेकल्टी है सबसे एक-एक पौधा रोपण करवाएं यह प्लान सबको बहुत अच्छा लगा हमने

सारे टीचर से पौधारोपण करवाया और इसमें उन्हीं के नाम का टैग लगाया।

सबको ऐसा सेलिब्रेशन बहुत पसंद आया खास तौर पर प्रिंसिपल सर को उन्होंने मुझे पर्सनली बुलाया और मेरी तारीफ की उन्होंने मेरे बारे में पूछा और जाना और जब उनको मैंने बताया कि मैं पहले क्रिकेट खेलता था यह सुनकर वह बहुत खुश हुए। यह सारी चीजें देख कर मुझे मेरी बैच का लीडर बनाया गया। क्योंकि मैं लीडर था, कॉलेज को सारे कंपटीशन में पार्टिसिपेट कराता और कॉलेज को लीड करता, कुछ कंपटीशन हमने जीते भी और कुछ में हमें बहुत कुछ सीखने को मिला।साथ ही कॉलेज में हम स्टूडेंट के बीच में भी कंपटीशन होता लगभग सारे में मैं जीतता।

और कॉलेज से शाम तक फ्लैट आता तब तक राम भी आ जाता तो हम साथ में मैस में खाने जाते और रात तक पूरे इंदौर में घूमते रहते हैं जो राम के दोस्त थे उनसे मेरी भी अच्छी दोस्ती हो गई थी तो मैं उनके साथ रहता और घूमता। मेरी और राम की एक गहरी दोस्ती हो गई थी। तब साथ में रहते तो जो करते साथ में करते। राम खातेगाँव का था और उसके बचपन के एक दोस्त को यह सहन नहीं हो रहा था तो उसने हमारी दोस्ती में दरार डाल दी हम अभी भी साथ रहते बात करते हैं, पर पहले जैसे नहीं।

इसी दौरान में पहली बार पार्थ दुबे से मिला वह युवराज का दोस्त था। पहले सीए कर रहा था फिर बैंक की प्रिपरेशन कर रहा था और एग्जाम देने छिंदवाड़ा से इंदौर आया था उस समय आई.बी. पी.एस. का एग्जाम था वह देने आया था हमारी नॉर्मल बात हुई और मैंने कहा मुझे भी तैयारी शुरू करनी है मुझे एस.बी.आई. का एग्जाम निकालना है।

मैं कॉलेज लाइफ पर अपने दोस्त के बीच में इंदौर जैसी सिटी में इतना खो गया कि मैं भूल ही गया था कि मुझे बैंक के एग्जाम की प्रिपरेशन भी करनी हैं बस दिमाग में था कि जब एसबीआई का एग्जाम आएगा तो प्रिपरेशन करूंगा।

साथ ही मुझे यहां पर बाजू वाले रूम में दादी मिली जो 75 साल की थी ठीक से चल नहीं पाती थी और उन्हें कई प्रकार की बीमारी थी,उनके तीन बेटे थे तीनों ने उन्हें घर से निकाल दिया था वह अकेले रूम में रहती थी उनका टिफिन छोटे बेटे के घर से आता था वह भी जैन थी तो उन्होंने मुझे मंदिर में देखा फिर कहने लगी मुझे मंदिर ले जाएगा क्या तू और उस दिन के बाद से मैं उन्हें मंदिर ले जाने लगा। अब वह मेरे साथ ही बैठकर पूजा करती मेरे लिए द्रव्य की थाली ले आती और मेरे कारण खुद जल्दी पूजा करती जिससे मेरे ही साथ अपने रूम वापस जा सके।

यहां तक कि वह मुझे अपने रूम बुलाती और जो उनके लिए नाश्ता आता था मुझे हर बार त्यौहार में खिलाती।और कभी कभी अपने सारे दुख मुझे बता कर अक्सर रोने लगती कि मेरे साथ यह क्यों हुआ मेरे बेटे बहु मुझे अपने साथ क्यों नहीं रखते मैं उनको खूब समझाता पर उनका दर्द वही समझती थी कोई और नहीं समझ सकता।

एक दिन मैं कोचिंग के साइड किसी काम से गया तभी मुझे ऋषि सर मिल गए और मुझसे पूछने लगे क्या हुआ पढ़ाई छोड़ दी क्या कोचिंग नहीं आते फिर मैंने उन्हें सब बताया कि पापा की हेल्थ के कारण मैं वापस घर गया। एमबीए के कारण वापस इंदौर आया और कॉलेज में फसा हूं तो सर बोले ठीक है देख लो जब भी फ्री हो जाओ तो आ जाना प्रिपरेशन करेंगे यह सुनकर मैं बहुत खुश हुआ कि सर अभी भी मेरे लिए सोच रहे हैं।

मुझे एक दम मानो होश आ गया हो कि मेरा लक्ष्य क्या है और मैं क्या कर रहा हूं और मैंने अपने आप से पूछा क्या मुझे एमबीए की जॉब करनी है या बैंक की मेरा जवाब साफ था। 2016 का साल फरवरी में फर्स्ट सेम के एग्जाम थे मैंने कॉलेज जाना छोड़ दिया घर में फर्स्ट सेम के एग्जाम की तैयारी करने लगा। साथ ही मेरा कॉलेज का दोस्त लोकेश भी साथ ही पढ़ता ।और इसी तरह साथ में पढ़ कर हमने एग्जाम दिए जिसमें पढ़ाई कम हंसी मजाक ज्यादा होता है।और फिर एग्जाम के बाद मैं कुछ दिनों के लिए घर आ गया।

✳ ✳ ✳

# "असली संघर्ष शुरू"

इंदौर आते ही मैं ऋषि सर के पास गया तो उन्होंने बताया अगले हफ्ते यानी अप्रैल के महीने में नया बैच चालू हो रहा है तुम आ जाओ अपन तैयारी करेंगे। और सर ने यह भी कहा कि कल से हम डेली ग्राउंड भी चलेंगे सुबह उठकर क्योंकि मुझे अपना वजन कम करना है। अगले दिन से हम ग्राउंड जाने लगे वह मुझसे मेरे क्रिकेट कैरियर के बारे में पूछते और मैं ज्यादा से ज्यादा जी.ए.,इकोनोमी, प्रिपरेशन के बारे में पूछता। साथ ही हमारी एक अच्छी दोस्ती भी होती जा रही थी ऊपर से सर बीना के हैं मेरी मम्मी खुरई की है। मम्मी के साइड के बहुत से रिलेटिव बीना में है जिनको सर बहुत अच्छे से जानते हैं।

धीरे-धीरे हम बहुत अच्छे दोस्त बन गए साथ ही सर मुझे अपना छोटा भाई जैसा मानने लगे। कुछ दिन बाद जब क्लास चालू हुई, सर ने मुझे एक सटीक तरीका बताया तैयारी करने का उन्होंने बताया कि एक टॉपिक पर एक दिन में 1000 क्वेश्चन कर लो जिससे सारे प्रकार के क्वेश्चन भी बन जाए और उस टॉपिक पर एक दम कमांड आ जाए। साथ ही इसके लिए उन्होंने मुझे बुक खुद साथ चलकर दिलाई। एक एक करके सारे सब्जेक्ट के सारे टॉपिक मैंने किये।

साथ ही उन्होंने कोचिंग के सारी फैकल्टी को बता दिया कि यह मेरा छोटा भाई है तो सारे फैकेल्टी मुझे अच्छे से समझाते और कभी किसी चीज के लिए मना नहीं करते। शुरू में मैं कोचिंग पैदल ही चला जाता दूरी दो किलोमीटर की थी पर धीरे-धीरे गर्मी बढ़ती जा रही थी क्लास का टाइम 10:00 से 12:00 था। 12 के बाद बहुत

गर्मी लगती थी तो मैंने फिर पापा और भैया को बताया तो फिर मुझे सेकंड हैंड बाइक दिलाई गई। अब मैं आजादी से दादी को मंदिर ले जाता कोचिंग जाता ग्राउंड जाता और शाम को फ्री होकर मैं और सर अक्सर टिंकू में बैठकर कोल्ड कॉफी पीते घंटों बातें करते।

एसबीआई का नोटिफिकेशन आया,तो टेस्ट भी एसबीआई के लेबल के आने लगे टेस्ट में मेरे कम मार्क्स आए तो सर ने पूछा कम मार्क्स क्यों आए तो मैंने सर से कहा था पजल नहीं बन रही थी। मेरा उतना लेबल नहीं है और स्पीड भी नहीं है तो सर ने समझाया एसबीआई कोई मजाक नहीं और अच्छे से पढ़ना होगा । मैंने सर की बातों पर ज्यादा ध्यान नहीं दिया। और एसबीआई के प्री में मात्र 51 केश्चन करके आया तो सर ने पूछा सही कितने किये है मैंने कहां बस इंग्लिश में दो गलत किये बाकी सब सही किए,पर सर समझ गए थे और भी गलत होंगे मेरे अटेम्प्ट कम है।

और उस दिन के बाद से सर ने मेरे साथ शाम को घूमना छोड़ दिया और कहा तुम्हारी पढ़ाई पर असर पड़ रहा है शाम को भी पढ़ाई करो। और अब मेन एग्जाम की तैयारी करो। कुछ दिन तो मुझे बहुत बुरा लगा कि सर ठीक से बात नहीं कर रहे थे, लेकिन मैं लगातार सर के पास जाता और पूछता तो सब नॉर्मल हुआ और यहीं पर मुझे संजना मैडम मिली जिन्होंने मेरी एग्जाम क्लियर होने तक मदद की उन्होंने ही मेरी इंग्लिश खासतौर पर ग्रामर सुधारी मेरे साथ साथ उन्होंने भी मेरे लिए मेहनत की मुझे हमेशा नई टाइप के केश्चन पेपर कुछ ना कुछ देती जिससे मैं उन्हें पढ़ू और सुधार करू।

अब प्री का रिजल्ट आना था और मेरे 43.5 मार्क आए कटऑफ क्लियर नहीं हुआ रिजल्ट सर ने ही चेक किया था हम साथ में थे।रिजल्ट सुनकर मैं मायूस हो गया तो सर ने मुझे समझाया और बताया कि एग्जाम में सबको टाइम लगता है तुम्हें भी लगेगा और कहा

अगले एग्जाम की तैयारी करो अगला एग्जाम था एसबीआई क्लर्क मैंने उसकी तैयारी शुरू कर दी यहां तक कि मेरा प्री भी क्लियर हो गया।

पर मैं जब मेन एग्जाम के टेस्ट का रिजल्ट सर को बताता तो सर मुझे समझाते कि मार्क्स कम आ रहे हैं जब टेस्ट में अच्छा नहीं कर पा रहे हो तो एग्जाम में कैसे अच्छा करोगे मैं उनसे कहता सर यह तो टेस्ट है आप देखना एग्जाम में ऐसा नहीं होगा ऐसा सुनकर वह चुप हो जाते हैं क्योंकि सर जानते थे कि मैं अगर उनकी बात मानता हूं तो चुपचाप मानता हूं और अगर नहीं मानता तो सर कोशिश भी नहीं करते समझाने की।

मेन एग्जाम आ गया मेरे साथ पार्थ का भी था हम दोनों की टाइमिंग और सेंटर सेम था हम दोनों साथ में एग्जाम देने गए और वह हमारे फ्लैट पर ही रुका था एग्जाम के बाद भी कुछ दिन रुका तो उस बीच हमारी अच्छी बातचीत होने लगी हम साथ घूमने लगे और दोस्त बन गए। रिजल्ट आने का समय आ गया मेरे 17 मार्क कम थे कटऑफ से।घर, में दोस्तों को, सब को मैंने बता दिया तो सब रिजल्ट का इंतजार कर रहे थे पर मैं रिजल्ट कैसे बताता और फिर उस दिन समझ आया की जब तक ऑफर लैटर न आ जाए किसी से कुछ नहीं कहना है।

फिर मैं सर के पास बैठा उनसे पूछा तो उन्होंने समझाया की एक्यूरेसी पर तुम्हें काम करना होगा वह भी इंग्लिश और जी.ए. में।तुक्के से काम नहीं चलेगा सालो लग जाएंगे पर एग्जाम क्लियर नहीं होगा साथ ही अपनी मेहनत बढाओ अभी तुम बहुत पीछे हो। फिर मैं घर आया घर आकर के एक टाइम टेबल बनाया जिसमें सुबह 4:30 से लेकर रात के 1:00 बजे तक पढ़ने का शेड्यूल बनाया चारों सब्जेक्ट को चार चार घंटों में बांट दिया।

और अगले ही दिन से टाइम टेबल फॉलो करने लगा पर यह टाइम टेबल आसान नहीं था इसमें मात्र रात को 4:30 घंटे की नींद थी और दोपहर में 20 मिनट, जैसे तैसे करके मैं अपने आप को मनाता, उठाता नींद से और फिर पढ़ने जाता पर इसका असर यह हुआ एक हफ्ते बाद से मेरे बाल गिरने लगे सिर दर्द होने लगा आंखे जलन करती और लाल रहती। मैं चिडचिडा होते जा रहा था जिससे मेरी राम और गौरव से बहस होती। मैंने ऋषि सर को बताया तो उन्होंने बोला 7 से 8 घंटों की नींद बहुत जरूरी है उस से समझौता मत करो बाकी बचा हुआ सारा टाइम यूटिलाइज करो।

उनकी बात सुनकर मैंने टाइम टेबल में सुधार किया और सोने के लिए 7 से 8 घंटे निकालें तब जाकर नॉर्मल हुआ। कुछ समय से मेरी राम और गौरव से बन ही नहीं रही थी मुझे शुरू से साफ-सफाई पसंद है और फ्लैट में अपना रूम, बेडरूम, बाथरूम, किचन साफ करता और यह दोनों साफ सफाई तो दूर उल्टा और गंदगी मचाते यह तक कह देते कि तू भी मत कर। और मुझसे रहा नहीं जाता तो मैं ही पूरा फ्लैट साफ कर देता। इस कारण से मेरे मन में रूम छोड़ने की बात आने लगी थी यहां तक की जब भी हम फ्री होते थे हॉल में क्रिकेट खेलते थे तो यह दोनों मुझे हराने के लिए मुझसे लड़ते।

इसी सबसे मैं परेशान था कि तभी आईबीपीएस का नोटिफिकेशन आया कुछ दिन तो इसी सब में निकल गए आखिरी 10 दिन बचे थे ऋषि सर ने कहा मैं तुम्हें खुद से फॉर्म भरना सिखा दूंगा मैं डेली सर के पास गया और सर कहीं ना कहीं बिजी रहते या उनको मन नहीं करता तो मना कर देते, लगभग उन्होंने ऐसा 10 दिन किया आखिरी दिन बचा तो सर्वर डाउन होने के कारण मेरा पी. ओ. का फॉर्म फिल नहीं हुआ। सर ने मुझसे सॉरी कहा पर मैंने कहा कोई बात नहीं सर मेरी किस्मत में नहीं होगा।

ठीक 1 जनवरी 2017 को मैंने फ्लैट जोड़कर एक सिंगल रूम में रहने लगा पर अकेले रहना आसान नहीं था ऊपर से रूम का किराया ₹4000 था सर ने समझाया कि समझ लो तुम अपनी स्टडी में इन्वेस्ट कर रहे हो पहले फ्लैट में मैं ₹2000 देता था अब सीधा दोगुना देना था जिसके कारण मैंने अपनी सारी चीजें से सैक्रिफाइस कर लिया था बस जो जरूरत थी उसी में पैसे खर्च करता। सब कहने भी लगे थे कि मैं कंजूस हूँ, ना कोई ढंग के कपड़े पहनता, ना कोई ढंग का मोबाइल ना कोई मूवी देखना ना दोस्तों के साथ जाकर इंजॉय करना पर मुझे पता था मैं ऐसा क्यों कर रहा हूं।

रूम में अकेले रह कर मैं बहुत ही शांति पूर्वक पढ़ाई करने लगा था कोई डिस्टरबेंस नहीं था शुरू शुरू में अकेले रहने में बहुत बुरा लगता था पर धीरे-धीरे आदत हो गई थी। जैसे कि सर ने कहा था कि मुझे अपनी एक्यूरेसी पर ध्यान देना चाहिए तो मैं बस उसी पर फोकस करने लगा, जो ऑनलाइन टेस्ट होते तो उन में भी बस जो क्वेश्चन आते जिनका सही उत्तर पता होता वही करता ।सर को दिखाता तो वह भी खुश होते कि सही कर रहे हो।

पर एग्जाम में हुआ उल्टा ही एक्यूरेसी के चक्कर में मैं क्वेश्चन कम अटेंड करता ऊपर से मेरे ऊपर एग्जाम का इतना प्रेशर हो जाता कि सही आंसर भी गलत कर जाता यहां तक कि जोड़ना घटाना करने में संदेह होता था कि यह सही है या नहीं जो मैं गुणा भाग कर रहा हूं उसको भी बार बार चेक करता और यह सब में बहुत समय बर्बाद हो जाता जिसके कारण मेरा एक भी प्री नहीं निकला। पूरे साल में एसबीआई, पीओ, क्लर्क, इंश्योरेंस, आरआरबी, आईबीपीएस, इपीएफ, पर किसी का भी पूरे साल में प्री नहीं निकला।

सर का ट्रांसफर अलवर राजस्थान हो गया था तो अब मेरे पास कोई नहीं था जिससे मैं अपने मन की बात खुलकर कह सकूं और

सर भी वहां जाकर व्यस्त हो गए थे मैं उन्हें कॉल करता तो वह कॉल रिसीव नहीं करते ना दोबारा कॉल करते मुझे बुरा लगता पर मेरे सफर में हमेशा किसी न किसी ने मेरा साथ दिया है अब जिसने दिया वो था पार्थ दुबे। पार्थ भी बैंक के एग्जाम देता था और वह मेरे रूम आकर ही रुकता।

हम दोनों में बहुत अच्छी दोस्ती हो गई थी और इसका सबसे बड़ा कारण था मार्बल की मूवी हम दोनों को मार्बल की मूवी की समझ थी पर पार्थ को पूरा ज्ञान था मार्वल कॉमिक्स और मूवी के बारे में हम घंटों उस पर बात करते थे जिससे हमारी दोस्ती भाइयों में बदल गई। पार्थ वापस घर भी लौट जाता तब भी हमारी बातें मोबाइल में घंटों मार्बल पर ही होती।

और इसी सब में मेरा ये साल भी ऐसे ही निकल गया ।और मेरा एमबीए भी पूरा हो गया था तो मैंने पापा से एक साल और माँगा कि मुझे एक साल और दे दो।मेरे साथ वालों के एग्जाम निकलते जा रहे थे। पार्थ का बैंक एग्जाम क्लियर हुआ फिर रेलवे का।पापा मुझे किसी न किसी रिश्तेदार के बच्चों का एग्जाम निकलता तो मुझे बताते।अब साल था 2018 नए साल में नई उम्मीदें भी थी सर भी वापस आ गए थे राजस्थान से उन्होंने कहा कि इस बार नई नीति बनाते हैं अब से तुम ज्यादा से ज्यादा क्वेश्चन अटेम्प्ट करना और मैं वैसी ही प्रैक्टिस करने लगा साथ ही टेस्ट में भी यही करता, अपनी स्पीड बढ़ाने लगा। और सबसे पहला एग्जाम आया एस बी आई पी.ओ. का पर एग्जाम के ठीक एक हफ्ते पहले मुझे पथरी हो गई किडनी में मैंने सर को कॉल किया सर लेने आये मुझे डॉक्टर को दिखाया उन्होंने बोला कि सोनोग्राफी करवानी पड़ेगी, तो सोनोग्राफी में पता चला कि दोनों किडनी में स्टोन है घर बताया तो सब ने कहा घर आ जाओ पास में एक झाड़ने वाला है पथरी निकाल देता है। मैं घर आया वहां से झाड़ने वाले के पास गया उसने झाड़कर स्टोन

निकाल दिया और उसी दिन मैं बस से इंदौर आ गया क्योंकि एक दिन छोड़कर मेरा एसबीआई का प्री एग्जाम था।

रात में फिर से मुझे दूसरी साइड दर्द हुआ फिर सोचा एग्जाम के बाद देखता हूं एग्जाम दिया पर मेरी ना कोई प्रिपरेशन थी ना स्पीड एग्जाम ऐसे ही दे आया। मैं फिर से घर आया डॉक्टर को दिखाया तो एक साइड का स्टोन निकल गया था एक साइड का रह गया था।20 दिन बाद मुझे आराम मिला लेकिन वह जो दर्द था बहुत बुरा होता है जब होता है तो असहनीय होता है।

मैं वापस से इंदौर आया जब एसबीआई का रिजल्ट आया तो मैं सर के साथ था मेरा प्री क्लियर नहीं हुआ मैं वही सर के सामने रोने लगा पूंछा सर कुछ तो बताओ मैं कैसे एग्जाम निकालू उन्होंने सिर्फ यही कहा रोने से कुछ नहीं होगा और ना कुछ है मेरे पास बताने को जो करना है तुम्हें ही करना है।

लेकिन अब मेरी स्पीड और एक एक्यूरेसी दोनों बढ़ गई थी टेस्ट में भी साफ दिख रहा था पर आरआरबी पी.ओ. के प्री के ठीक एक हफ्ते पहले मेरे बड़े पापा की बेटी गुड़िया दीदी थी उनकी शादी इंदौर में हुई थी उनका बेटा समर्थ बीगार हो गया था तो उसको लेकर हम मुंबई गए थे ठीक एक दिन पहले वापस आए और प्रैक्टिस ना होने के कारण से पी.ओ. नहीं निकला।

पर आर. आर. बी. क्लर्क निकल गया और कोचिंग में मैनस की क्लास लगी और यहीं पर मेरी मुलाकात रश्मि से हुई उसका प्री क्लियर हो गया था क्लास में हम दोनों डिस्कस करते करते बहुत अच्छे दोस्त बन गए। इसके बाद आई.बी.पी.एस. के प्री एग्जाम दिए पर प्री 0.50 मार्क्स से रह गए । मैं इतना ज्यादा दुखी हो गया कि मैं संजना मैडम के पास गया और बोला मैडम ऐसा क्यों हो रहा है मैं सब कुछ सही कर रहा हूं फिर भी ऐसा क्यों अगर कर्मा की बात करो तो ऐसा नहीं

होना चाहिए मेरे साथ या फिर पिछले जन्म के कर्म के कारण ऐसा हो रहा है तब मैडम बोली कि अब दिगंबर जैन लड़का बोला।

फिर उन्होंने मुझे समझाया बोली कि तरीका तो कुछ नहीं है तुम सब ठीक कर रहे हो पर जो भी गलती कर रहे हो उस पर जी जान से मेहनत करो और कोई भी डाउट हो मेरे पास आ जाना पर मैडम ने दूसरी कोचिंग ज्वाइन कर ली थी तो मैंने उनसे डाउट पूछने के लिए दूसरी कोचिंग की नॉर्मल फीस दी उसके बाद मैं मैडम के पास जाता डाउट पूछने। दिसंबर 2018 मैं मेरे भाई की शादी हो गई थी और भैया का ट्रांसफर इंदौर हो गया था तो मैं भैया और महिमा भाभी साथ में रहने लगे थे और कुछ दिनों बाद 1 जनवरी 2019 को आरआरबी का रिजल्ट आया मेरा तो नहीं हुआ क्लियर पर रश्मि का हो गया था फिर मैंने और संजना मैडम ने मिलकर रश्मि के साथ सेलिब्रेट किया और उसके बाद से हमारी लगभग डेली बात होती कॉल में, बातों बातों में हम बेस्ट फ्रेंड बन जाए।

पर मेरा पढ़ाई से मन उठ गया था पढ़ने में मन नहीं लग रहा था और यह डिसाइड किया कि अब से मैं प्राइवेट जॉब करूंगा और 3 महीने दो अलग-अलग जॉब की जिसमें मुझे समझ आ गया कि इससे मेरा कुछ नहीं होने वाला और यहां आगे बढ़ाने में भी बहुत मेहनत और कई साल भी लगेंगे। भैया भाभी ने समझाया कि तुम टेंशन मत लो जब तक हम है तुम्हे समय लगता है लगने दो। भैया भाभी ने जो मेरे लिए किया जो सपोर्ट दिया शायद ही कोई इतना करता, ख़ास करके भाभी ने वो मुझे पानी तक मेरी टेबल में लाकर रख देती थी।

फिर मैंने जॉब छोड़ दी और एसबीआई की तैयारी करने लगा। पीओ क्लर्क दोनों के प्री क्लियर हो गए पर मेंस क्लियर नहीं हुआ जब तक रिजल्ट आया मैं एसबीआई क्लर्क मैंस और आरआरबी के पीओ क्लर्क के प्री दे चुका था लेकिन एसबीआई पियो क्लियर ना होने पर

मैं इस कदर टूट गया। की एग्जाम देने की इच्छा ही खत्म हो गई थी और मैंने यह डिसाइड किया कि अब से पढ़ाई नहीं करूंगा।

भैया भाभी ने बहुत समझाया कि यह दो एग्जाम और दे दो (आरआरबी पीओ और क्लर्क) फिर मुझे जो सही लगे वह करना पर मैं नहीं माना और जीजा जी के ऑफिस जाने लगा उनका शर्ट मैन्युफैक्चरिंग का काम था उन्होंने भी मुझे हमेशा सपोर्ट किया इस बार भी उन्होंने मुझसे पूछा कि चंचल क्लियर सोच लो करना क्या है। मैंने भी कह दिया अब तो बस बिजनेस करना है । उनको पता था कि मेरा मैंस का एग्जाम बाकी है तो उन्होंने मुझसे एक बात कही "इंसान के सामने जब कोई मौका आता है तभी वह यु टर्न लेता है" कहीं ऐसा ना हो तुम्हारा एग्जाम निकलना हो और तुम यहां आ गए।

पर मेरा मन नहीं था अब पढ़ने का।मैंने उनसे कहा कि आप मुझे सिखाएं और जो भी काम होगा मैं करूंगा।मैं जीजाजी के ऑफिस जा रहा हूं यह बात मैं, जीजाजी भैया और भाभी को बस पता थी ।मैंने सोचा दिवाली पर घर जाऊंगा तो पापा को बताऊंगा।जब तक मैं जीजाजी से कपड़े के व्यापार के बारे में सीख रहा था जान रहा था वह जो काम देते उसे करता। इसके साथ ही मुझे जब भी फ्री टाइम मिलता तो मैं बस मोबाइल से डेली के करंट अफेयर्स पढ़ता था और घर पर भी यही पढ़ता।मेरे मन में था कि यह लास्ट एग्जाम है जो मैं दूंगा उसके बाद किसी का नहीं दूंगा। बाकी के सारे सबजेक्ट तो बहुत पढ़े हुए है बस जी.ए.पढ़ लू.होना होगा तो होगा नहीं तो अबसे कुछ और करूंगा। लगभग 10 दिन बाद एग्जाम आ गया रशिम का भी था हम दोनों साथ में एग्जाम देने गए।इस बार मैं बिल्कुल टेंशन फ्री था क्योंकि मुझे डर नहीं था और मेरा मन भी उठ गया था एग्जाम से।

पर एग्जाम जैसे ही स्टार्ट हुआ मैंने कंप्यूटर जी.ए. और इंग्लिश को सबसे पहले किया और तीनों सब्जेक्ट में लगभग पूरे क्वेश्चन किए

नॉन स्टॉप इसके बाद मैंने मैथ के क्वेश्चन करना शुरू किया, पर मैं केवल 6 क्वेश्चन कर पाया क्योंकि मैथ का लेबल बहुत टफ था और मैं कोई तुक्का नहीं चाहता था उसके बाद रीजनिंग करना शुरू किया तो मैथ के कारण टाइम ज्यादा था मेरे पास तो बड़े आराम से मैंने रीजनिंग के क्वेश्चन करे जिससे कोई गलती ना हो और उसमें भी मैंने लगभग 35 क्वेश्चन किये।

एग्जाम हॉल के बाहर आकर मैं और रश्मि एग्जाम डिस्कस करने लगे उसने मेरे से पूछा कितने किये मैंने कहा 140 के लगभग फिर उसने पूछा मैथ में कितने किये है तो मैंने कहा 6 तो वो बोलती "तू पागल है" इतने कम क्यों किए मैंने कहा मुझे फर्क नहीं पड़ता फिर उसने पूछा सही तो किए हैं ना मैंने कहा हां सही है।इस के बाद हम घर गए और एक दिन किसी बात पर हमारे बीच में गलतफहमी हो गई और हमारी बात बंद हो गई। मैं जीजा जी के ऑफिस जाता रहा और काम सीखता रहा।

फिर कुछ दिन बाद दिवाली के लिए मैं अपने घर आ गया। तभी एसबीआई क्लर्क का रिजल्ट आया उसमें भी मेरा नहीं हुआ पापा को बताना तो था सब पर मेरी हिम्मत नहीं हो रही थी। और ठीक धनतेरस के दिन मेंस का रिजल्ट आया मेरा मेंस क्लियर हुआ तो मानो घर में खुशी की लहर आ गई एक त्यौहार आ गया हो सब बधाई देने लगे और सबको उम्मीद हो गई कि अब जॉब लग जाएगी। रश्मि का मैसेज आया मैंने कहा हो गया क्लियर तो वह गुस्सा हो गई कि उसे बताया तक नहीं। सब से बात की तो सब ने कहा बैंकर्स अड्डा सही हैं इंटरव्यू के लिए।

दिवाली के बाद क्लास शुरू होने से पहले मैं समय पर इंदौर पहुंच गया और क्लास ज्वाइन कर ली हमारी बढ़िया प्रिपरेशन कराई गई दो हफ्ते में। उसके बाद में इंटरव्यू देने गया मेरा इंटरव्यू भी

अच्छा गया। मेरे से ज्यादातर एमबीए से रिलेटेड क्वेश्चन पूछे गए और दो क्वेश्चन बैंक से रिलेटेड। मैं बाहर आया और मैं कॉन्फिडेंट था कि मेरा इंटरव्यू तो अच्छा गया है अब जो होगा तो देखा जाएगा।

फिर मुझे एहसास हुआ कि रश्मि ने हमेशा मेरा साथ दिया है अगर उससे ही लड़ लूंगा तो क्या मतलब मैंने उसको कॉल किया उसको मनाया। सब पहले जैसा नॉर्मल किया।साथ ही मैंने आईबीपीएस के पीओ क्लर्क के प्री भी दिए और एस.ओ. भी दिया लेकिन पढ़ाई किसी में भी नहीं कि बस एग्जाम दिए जा रहा था।

और अचार्यश्री का आगमन इंदौर के पास में हुआ मैं दर्शन के लिए गया आचार्य श्री के दर्शन के बाद में मुनि श्री निर्मोह सागर जी महाराज के दर्शन के लिए गया उन्होंने पूछा कैसा चल रहा है मैंने कहा अभी एग्जाम दिया है। जनवरी को रिजल्ट आना है उम्मीद तो पूरी है बस आपका आशीर्वाद चाहिए उन्होंने कहा टेंशन नहीं लो इस बार हो जाएगा और उन्होंने मुझे आशीर्वाद दिया और कहा बस हो जाए तो अचार्य श्री के दर्शन करने आना। कुछ ही दिन बचे थे नया साल को आने में तब तक मैं बस समय गुजार रहा था

# "मेरे पापा"

1 जनवरी 2020 को रिजल्ट आया मैं भैया भाभी तीनों साथ में थे सबसे पहले मैंने क्लर्क का रिजल्ट चेक किया और लगभग 50 प्री और मेंस एग्जाम देने के बाद मेरा सिलेक्शन हो गया था भैया और भाभी खुशी से झूम उठे फिर मैंने पी.ओ. का चेक किया और जैसे ही देखा तो उसमें भी मेरा हो गया था।मैंने सबसे पहले अपने पापा को कॉल किया उनको बताया मेरी आंखें भरी थी उनको बताते वक्त मैंने कहा "पापा जी मेरा मध्य प्रदेश ग्रामीण बैंक में पीओ क्लर्क दोनों में हो गया है" सिलेक्शन उन्होंने ज्यादा कोई प्रतिक्रिया नहीं दी पर मैं जानता हूं उनके मन में क्या था फिर मम्मी से बात की उनको बताया तो वह बहुत खुश हुई। भैया भाभी ने सबको कॉल मैसेज कर दिए तो सबके कॉल आने लगे।

पर मेरे लिए यह जीत यह सफलता से ज्यादा मायने रखती है मेरे पापा की खुशी, क्योंकि मेरे इस सफर में क्रिकेटर से पी.ओ., मेरे पापा ही है जिन्होंने मेरा हर समय साथ दिया वह मुझे लगातार समझाते रहे डाटते रहे कभी-कभी तो यह भी कह देते थे कि तुम्हारे बस का कुछ नहीं तुम कुछ नहीं कर पाओगे और यह सुनकर मुझे इतना बुरा लगता कि कई दिनों तक मेरी उनसे बात करने की हिम्मत नहीं होती थी। और ऐसा तब होता था जब मैं उन्हें अपना रिजल्ट बताता और मेरा एग्जाम क्लियर नहीं होता।

फिर कुछ दिन बाद वह खुद से मुझे कॉल करते और समझाते सफल लोगों का उदाहरण देते और उनसे बात करने के बाद ही मेरा मन लगता। मुझे याद है बेंगलौर जाने के बाद से मैं उनसे डेली कॉल करके

बात करता यह चीज आज भी कायम है मैं अगर बाहर भी जाता हूं घर से, तो भी मैं उनको रात में कॉल करूंगा या उनका कॉल मेरे पास आता है

मैं बचपन से ही उनका लाडला रहा हूं उन्होंने मुझे हमेशा ज्यादा प्यार दिया मेरे भाई की तुलना में इसको लेकर मैं उसे चिड़ाता भी हूं यहां तक कि जब मैं बेंगलौर जाता था तो वह रोने लगते थे यह उम्मीद में कि मैं बहुत मेहनत कर रहा हूं इसका सिलेक्शन कब होगा मैं दूर था तो उनको अच्छा नहीं लगता था। और हम आज भी अगर घर में साथ है तो एक ही थाली में खाना खाते हैं यहां तक कि छोटे बच्चे की तरह मैं आज भी उनसे चिपक कर सकता हूं। इसका मतलब यह नहीं कि उन्होंने सिर्फ लाड दिया है उनका गुस्सा बहुत ही खतरनाक है उन्होंने हम दोनों भाइयों को कभी मारा नहीं पर अपने गुस्से से ही हमें कंट्रोल किया है वह आज भी हमें डांटते हैं अगर हम कुछ गलत करें या काम करने में देर या आलस करें।

उन्होंने बचपन से ही हम दोनों भाइयों को घर के सारे काम कराएं और आज भी वो उतने ही स्ट्रिक्ट है काम को लेकर।वो एक बात हमेशा कहते हैं कि चाहे कुछ भी हो जाए अपने ऊपर रहीसी मत चढ़ने देना। मुझे याद है जब मुझे किडनी स्टोन हुआ था मई की गर्मी थी अनाज का ट्रक खाली होना था कोई नहीं था घर में।उन्होंने ने मुझसे कहा मैंने मना कर दिया पर उन्होंने मुझे फिर भी भेजा और कहा बस खड़े रहना कोई काम नहीं करना इतने बीमार नहीं हो तुम कि खड़े ना हो सको।

उन्होंने हमेशा हम दोनों भाइयों को दुनिया बताई कैसी है और हमें उसके हिसाब से रहने की सीख देते। उन्होंने हमें बताया स्ट्रांग बनना सिखाया।यहां तक कि मेरे दादा की तरह उन्होंने भी अनगिनत लोगों की मदद की और हमेशा लोगों का भला सोचा है और किया है।

फिर चाहे वह उनका गुस्सा करना हो या मुंह पर सब कह देना वह सामने वाले के अच्छे के लिए ही हुआ है।

माता-पिता का ऋण तो वैसे भी हम नहीं चुका सकते फिर भी यही सच है कि मेरे पि.यो. बनने का श्रेय मेरे पिता को ही जाता है अगर वह मेरा साथ ना देते तो मैं पहले ही हार मान कर कुछ और कर रहा होता पर मेरे मन में यही था कि उनके लिए कुछ करना है कुछ बनना है। और सब मेरे से कहते हैं कि तुम्हारे अंदर एक अलग ही उर्जा है तो मैं उसका स्रोत मैं अपनी दादी को मानता हूं। अभी भी मैं अपनी दादी के रोज चरण स्पर्श करता हूं और रात को उनके पैर दबाता हूँ। इसी का परिणाम यह है कि मेरे अंदर हमेशा ऊर्जा और सकारात्मकता रहती है।

रिज़ल्ट आने के बाद अगले ही दिन में आचार्य श्री के दर्शन के लिए गया उनके दर्शन के बाद में निर्मोह सागर जी के दर्शन के लिए गया और उनको देखते ही उनके चरणों में नतमस्तक हो गया और श्रीफल भेंट करते हुए कहा महाराज जी आपकी कृपा थी कि एग्जाम निकल गया वरना मैंने तो हार मान ली थी महाराज जी ने कहा यह सब आचार्य श्री की ही कृपा है। और अगले 2 महीनों के लिए मैं निर्मोह सागर महाराज जी के साथ रहा ।महाराज श्री ने मुझे ज्ञान दिया जीवन के बारे में एवं सही मार्गदर्शन दिखाया साथ ही उन्होंने ही मुझे प्रेरणा दी यह किताब लिखने की और अपनी डायरी भी दी लिखने के लिए। और उनके ही आशीर्वाद से यह किताब पूर्ण हुई है

*****************************************************

**"सफलता पाना आसान नहीं होता दिन रात एक करना पड़ता है चाहे कितनी भी समस्या आए हर बार सामना करना पड़ता है"**

*****************************************************

*** * ***

#  "प्रिपरेशन कैसे करें"

अब मैं जो आपको बताने जा रहा हूं जरूरी नहीं सबके साथ वैसा ही हो, जो ट्रिक मेरे साथ काम करती थी आपके साथ भी करें, जैसा मैंने किया तो वैसा आपको भी करना पड़ेगा ऐसा बिल्कुल जरूरी नहीं है। मैं जो आपको बता रहा हूं आप उसे ट्राई करें समय दें फिर रिजल्ट देखें और सबसे जरूरी बात जिनका सपना नहीं था पी.ओ. या बैंक में आने का किसी कारण से बैंक के एग्जाम या कोई भी कॉम्पिटेटिव एग्जाम की तैयारी किसी कारण वश में करना पड़ रही है फिर तो जो मैं प्रिपरेशन बता रहा हूं बता रहा हूं वह आपके लिए बहुत मददगार होगी।

## तय करें:-

सबसे पहले आप तय कर ले कि आपको करना क्या है, कौन सी फील्ड में जाना है किस फील्ड में आपका इंटरेस्ट है उसके बाद आप यह भी जाने कि उसके एग्जाम का पैटर्न कैसा है, कौन-कौन से सब्जेक्ट आते हैं। उसमें कहां पर अच्छी कोचिंग है, फेकल्टी कैसी है, यह सब आपको पता करना होगा क्योंकि दो नाव में सवार होने से आप सबको पता है क्या होता है। मैं यह नहीं कह रहा कि आप पी.ओ. की तैयारी कर रहे हैं तो एसएससी या सीजीएल की तैयारी ना करें बिल्कुल करें करना भी चाहिए पर आप देख ले क्या आपसे हो पाएगा क्या आपके पास समय है देने को कि आप ज्यादा से ज्यादा समय अलग-अलग सब्जेक्ट और अलग-अलग तरह के एग्जाम पैटर्न में दे पाए।

अगर आपको याद हो तो मैं साइंस में कमजोर था मेरा बेसिक तक क्लियर नहीं था और ना ही मुझे मैथ आता था। तो मैंने कभी बैंक के अलावा कहीं और जाने का नहीं सोचा पर आपके यह दोनों सब्जेक्ट पर पकड़ है और नहीं भी है लेकिन आपने अगर तय कर लिया है कि मैं तो करके रहूंगा फिर आपको कोई भी नहीं रोक सकता। आपको बस अपने लक्ष्य की ओर बढ़ते जाना है।

## कोचिंग जरूरी है...

चाहे आप कितने भी पढ़ाकू क्यों ना रहे हो स्कूल से लेकर कॉलेज तक आपने टॉप किया हो फिर भी मैं कहूंगा आपको आप कोचिंग जाएं क्योंकि वहां जाकर ही पता चलता है कि एक्चुअल प्रिपरेशन कैसे करनी है एग्जाम का पैटर्न क्या है, कॉम्पिटेटिव माहौल कैसा होता है, बच्चे कैसे प्रिपरेशन कर रहे हैं और साथ ही हम कितने पानी में है उनके बीच में हमें पता चल जाता है। खास तौर पर बैंक के एग्जाम जहां पैटर्न हर एग्जाम में चेंज हो रहा है, हर सब्जेक्ट में नए-नए टॉपिक और क्वेश्चन आ रहे हैं।

तो अगर आप कोचिंग से जुड़े रहेंगे तो आपको इन सब की जानकारी रहेगी और सबसे जरूरी आपको जो समस्या आती है तैयारी करने में, या कोई डाउट आता है तो आप तुरंत ही कोचिंग के फैकल्टी से जाकर पूछ सकते हैं अपने डाउट क्लियर कर सकते हैं। मैंने भी दो बार कोचिंग जाकर 3 महीने का बैच पूरा किया था साथ ही डाउट और नए पैटर्न के लिए सर मैडम के पास जाता रहता था।

∗∗∗

## "नो डिस्टर्बेंस"

जब आप ने तय कर लिया है और आपने पढ़ना शुरू भी कर दिया है तो अब आपको यह याद रखना है कि आपकी पढ़ाई और दिमाग किसी भी प्रकार से परेशान ना हो डिस्टर्ब ना हो क्योंकि अगर आप मानसिक रूप से परेशान हैं तो ना फिर आप कुछ पढ़ पाएंगे और ना ही एग्जाम का प्रेशर झेल पाएंगे क्योंकि एग्जाम देते समय एक अलग ही प्रेशर होता है और वहां पर हमें उसी समय पर कुछ डिसीजन लेने होते हैं जिन पर हमारा एग्जाम क्लियर करना निर्भर रहता है उसके लिए हमें संतुलित फ्री माइंड चाहिए।

जैसे कि मैंने अपने मम्मी पापा को साफ बोल दिया था कि मुझे घर की समस्या रिश्तेदारों की समस्या या ऐसा कुछ भी ना बताएं जिससे मेरा माइंड डिस्टर्ब हो और पढ़ाई में मन ना लगे साथ ही मैंने अपने दोस्तों का साथ छोड़ कर अकेले रूम में रहने आ गया था क्योंकि वहां मुझे परेशानी हो रही । दोस्तों अगर आप कुछ बड़ा हासिल करना चाहते हैं तो आपको बड़े-बड़े सैक्रिफाइस करने पड़ेंगे फिर चाहे वह आपका परिवार हो, दोस्त हो या मोबाइल हो।

मैंने कभी भी घर पर प्रिपरेशन नहीं की क्योंकि घर में बहुत सारे लोग थे ना कभी घर में माहौल बना और साथ ही मेरा मोबाइल पर कंट्रोल था मैंने यहां तक कि इंस्टाग्राम की एप डिलीट कर दी थी क्योंकि आप सभी को पता है एक बार जो मोबाइल में लग जाए तो घंटों निकल जाते हैं पता ही नहीं चलता। तो आप भी समझते हैं कि सोशल मीडिया से दूर रहना कितना जरूरी है।

* * *

## "ब्रेक ले....."

दुनिया की ऐसी कोई भी चीज नहीं है जो लगातार काम कर सके यहां तक के कंप्यूटर तक को ब्रेक की जरूरत होती है फिर तो यह हमारा दिमाग है। कई रिसर्च बताती है कि जब भी हम लगातार पढ़ते हैं तो हमें 45 से 50 मिनट बाद 5 से 10 मिनट का ब्रेक जरूर लेना चाहिए जिससे हमारे दिमाग को आराम मिले और ब्रेक मिलते रहने से दिमाग खुलता भी है ।तो आप कभी भी लगातार ना लगे रहे कि मुझे पढ़ना है, मुझे करना ही है।पढना तो है ही पर हमें ऐसे पढना है जो हमारे लिए असरदार हो कम समय में ज्यादा मददगार हो।

यहां तक की मैं हफ्ते में एक दिन जो कि संडे को मैं कभी नहीं पढ़ता था क्योंकि मेरा मन ही नहीं लगता था। संडे को पढ़ाई या कुछ भी करने का मैं ज्यादातर अपने दोस्तों के साथ या ऋषि सर के साथ घूमता था, किसी रिलेटिव के घर जाता मूवी देखता। यहां तक कि अगर कोई एग्जाम नहीं निकलता तो 2 से 3 दिन तक पढ़ाई ही नहीं करता जब तक उदास रहता फिर अपने आप को मोटिवेट करता और फिर से पढ़ाई में लग जाता है। इसलिए आप भी समय-समय पर ब्रेक लेते जाएं।

## "टाइम टेबल.."

एक सही तरीके की प्रिपरेशन के लिए टाइम टेबल का होना बहुत जरूरी होता है आप यह नहीं कर सकते कि जब जो मन हुआ तो वह पढ़ लिया या आज यह सब्जेक्ट पढ़ने का मन नहीं है क्योंकि एग्जाम में जो भी आता है आपको वह सारी चीजें आना जरूरी है तभी आपकी हर टॉपिक सब्जेक्ट में कमांड बनेगी तभी आप दूसरों से बेहतर बनेंगे और तभी आपका एग्जाम जल्दी निकलेगा।

जैसे मैं लगभग 10 से 12 घंटा पढ़ाई करता था तो मैं हर एग्जाम के हिसाब से अपना टाइम टेबल बनाता था जिसमें 2 घंटे कम से कम हर सब्जेक्ट को तो देता ही था। जिसमें याद करने के लिए जी.ए. और इंग्लिश सुबह और शाम को रखता था। और इसमें सबसे जरूरी बात आपका टाइम से सोना और टाइम से उठना बहुत जरूरी होता है यह नहीं कि आज जल्दी उठ गए तो कल लेट नाईट तक स्टडी कर रहे हैं एक डेली की रूटीन होना चाहिए और उसी के हिसाब से आपको डेली पढ़ना चाहिए।

साथ ही नींद पूरी लेना बहुत जरूरी है मैंने कई तैयारी करने वालों को देखा है और वह बताते हैं मैं तो 4 या 5 घंटे सोता हूं बाकी 18 से 20 घंटे पढ़ता हूं लेकिन कुछ दिन ऐसा चलता है फिर पता चला सो ही रहे हैं। इसलिए हमें अपने शरीर को आराम के तौर पर 7 से 8 घंटे सोने के लिए देने ही होंगे और आप किसी भी सफल व्यक्ति से पूछे तो वह भी यही कहेगा क्योंकि पूरी नींद होने से हमारा शरीर स्वस्थ एवं दिमाग तेज रहता है और शरीर में सुस्ती भी नहीं रहती है।

✳ ✳ ✳

## "ताकत और कमजोरी "

तैयारी करते करते एक समय ऐसा आएगा जब आपको पता नहीं होगा कि आपकी ताकत क्या और कमजोरी क्या क्योंकि जो चीज आप को आती नहीं है इसका मतलब यह नहीं है कि वह आपकी कमजोरी है जैसे कि मुझे मशीन इनपुट नहीं आता था तो मैं उसे अपनी कमजोरी मानता था और पज़ल को हमेशा अपनी ताकत पर एग्जाम में पज़ल इतनी टफ आती थी कि मुझसे बनती नहीं थी और मशीन इनपुट सीखने के बाद एग्जाम में आसानी से कर लेता था।

इसलिए आपको भी अपनी ताकत और कमजोरी जानने की जरूरत है और इसका सबसे अच्छा तरीका है आप टेस्ट दे या पुराने एग्जाम के पेपर दे और उसके बाद हर सब्जेक्ट में से एक टॉपिक का एनालाइज करें जैसे कि मैं करता था की रीजनिंग में 50 में से कितने अटेम्ट किए और कितने सही किए ।पजल चार में से तीन बनी, नंबर सीरीज 5 में से 3 बनी इसी प्रकार हर सब्जेक्ट के हर टॉपिक को उठाता था और देखता भी कि मुझसे क्या बन रहा है और क्या नहीं। लास्ट में मैं पूरा पेपर या टेस्ट का एनालाइज कर लेता और क्या बना, क्या नहीं बना, स्पीड अटेम्ट सब उसमें लिखता जो कमी सामने आती उस पर ज्यादा फोकस करता।

***

## "समस्या का सामना..."

शायद यह जीवन का नियम ही है कि हम जब भी अपने लक्ष्य के लिए आगे बढ़ेंगे तो समस्या का सामना करना पड़ेगा। और समस्या को पार करके ही सफलता का असली आनंद आता है ।जैसे कि मेरे जीवन में क्रिकेटर से पी.ओ. के सफर में लगातार समस्या आती रही और मैं कई बार टूटा, गिरा हार भी मानी कभी-कभी, पर समस्या का सामना करता रहा और आगे बढ़ता रहा यहां तक कि यह बुक मैंने 2020 जनवरी से लिखना शुरू कर दी थी और इसे पूरा जून 2022 में कर पाया जिसमें शुरू के 20 से 25 पेज बस लिख पाया 2 साल में बाकी किताब मैंने मात्र 3 महीने में लिखी।

शुरू में तो एक पेज ही लिख पाता था वह भी हफ्ते में एक ही दिन लिखता था बीच में ऐसा समय आया कि भूल ही गया था कि मेरा कोई और भी लक्ष्य है,यह किताब लिखना है फिर मुझे एहसास हुआ और किताब को पूरा किया। इसी प्रकार आपके जीवन में आपके

ऑफिसर बनने में भी समस्या आएगी, आप यह भी सोचेंगे कि दूसरों का एग्जाम आराम से निकल गया। उसके जीवन में तो कोई समस्या नहीं है।लेकिन आप अपनी तुलना किसी से ना करें चाहे कुछ भी हो जाए आप अपने लक्ष्य के प्रति आगे बढ़ते रहें समस्या का सामना करते रहे।

सबसे महत्वपूर्ण बात आप कभी प्रैक्टिस करना ना छोड़े मैंने छोड़ दी, फिर भी मेरा एग्जाम्स इस लिए निकला क्योंकि मैं पिछले 4 से 5 साल से प्रैक्टिस कर रहा था और बिना पढ़े मेरे पीओ क्लर्क और आईबीपीएस क्लर्क एक ब्लाइंड लड़की का एग्जाम क्लियर हुआ क्योंकि मेरे लिए एग्जाम आसान हो गया था साथ ही मैं टेंशन फ्री था इसीलिए चाहे कुछ भी हो जाए आपको भी लगातार प्रैक्टिस करनी ही है

* * *

## "खुश रहना..."

कई रिसर्च होने के बाद, कई सारे फैक्ट सामने आने के बाद ही मैं आपसे कह रहा हूं कि चाहे कोई भी परिस्थिति हो कोई भी समस्या हो आपको खुश रहना ही है क्योंकि जो इंसान हमेशा खुश रहता है उसे सफलता या अच्छे परिणाम जरूर मिलते हैं। खुश रहना कोई आसान बात नहीं है खासतौर पर आज के समय में जहां लोग दिखावा बहुत करते हैं और आज के समय में हमारी कोई भी बात पूरी ना हुई या कोई इच्छा पूरी ना हुई तो हम दुखी हो जाते हैं। यहां तक कि मैं भी अपने आपको हमेशा खुश नहीं रख पाता था मैं भी यही सोचता था कि कब मेरा एग्जाम निकलेगा कब जॉब लगेगी।

फिर भी मैं अपने आप को खुश रखने के लिए अपने मम्मी पापा से डेली बात करना लगातार सफल लोगों के बारे में पड़ता है या वीडियो देखता जिससे मैं अपने आप को याद दिलाता कि मुझे क्या करना है आगे बढ़ने के लिए। मैं बार-बार मार्बल की मूवी देखता वीडियो देखता मैं सब करता जिससे मुझे खुशी मिले या मेरा मन खुश रहे।और एक चीज जिससे मुझे सबसे ज्यादा फायदा मिला वह है ध्यान, ध्यान करने से मेरे मन को शांति मिली प्रेशर झेलने की शक्ति मिली मेरी एकाग्रता बड़ी और कई फायदे मुझे मिले ।और आप सभी को पता है मुझे बताने की जरूरत नहीं कि ध्यान देने की कितने फायदे होते हैं

✳✳✳

## "दिमाग की दवाई"

हम सभी जानते हैं कि हम जो कुछ भी है या करते हैं वह पहले हमारे दिमाग में आता है उसके बाद ही हम उसे अपने एक्शन में लाते हैं लेकिन हमारा दिमाग कई बार थक जाता है कभी कभी हार भी मानने लगता है और इस बीमारी से बचने के लिए हमें उसे कुछ दवाइयां देना पड़ती है जो हमें स्वस्थ रखें जैसे की:-

किताबें पढ़ना मैं हमेशा नॉन फिक्शनल किताबें पढ़ता हूं ज्यादातर सफल लोगों की आत्मकथा जिससे मेरे दिमाग में यही आए कि जब वह परेशान था तो उसने क्या किया था अपने लक्ष्य को पाने के लिए। और वैसे भी आप सबको पता है किताबें पढ़ने से हमारे दिमाग में कितना फायदा होता है।

सफल लोगों को फॉलो करना आप जितना सफल लोगों को फॉलो करोगे उतनी ही जल्दी आप सफल बनेंगे क्योंकि आपके दिमाग में बस सफल होना बैठ जाएगा और दिमाग उस हिसाब से काम करेगा मुझे जब भी समय मिलता है हमेशा यूट्यूब में सफल होने या सफल लोगों के ही वीडियो देखता जिससे मैं अपने आप को और दिमाग को स्ट्रांग बनाता पर सबसे ज़रूरी बात कभी भी आप सफल लोगो को कॉपी न करे यह सफल होने का तरीका नहीं हैं।

www.ingramcontent.com/pod-product-compliance
Lightning Source LLC
Chambersburg PA
CBHW022001150726
47990CB00002B/542